Michael Heuermann

Geträumte Tänze – Getanzte Träume

***Entspannung, Phantasiereisen,
Bewegung und Tanz***

Michael Heuermann

Geträumte Tänze

– Getanzte Träume

**Entspannung, Phantasiereisen,
Bewegung und Tanz**

borgmann

Für Stephanie Krenn,

einer Seherin der Weisheit und Liebe unter uns Phantasierenden

© 1994 ℗ borgmann publishing GmbH, D-44139 Dortmund

Gesamtherstellung: Löer Druck GmbH, Dortmund

Titelbild: Susanne Stähli
Fotos und Fotomontagen von: Bulent Tuzcu, Oldenburg

Bestell-Nr. 8530   ISBN 3-86145-051-8

Inhalt

Vorwort   7

A.   Phantasiereise als Methode   13

  1.   Der Begriff Phantasiereise   14

  2.   Phantasiereisen als Gruppenerfahrung   20

    2.1 Die Entspannungsphase   21
    2.2 Die Phantasiereise   27
    2.3 Die Herausführung aus der Phantasiereise   30
    2.4 Die Bewegung und der Tanz als Ausdrucksformen 31
    2.5 Das Gespräch in der Gruppe   35

  3.   Der Raum und die Umgebung   38

  4.   Der Einsatz von Musik während der Phantasiereise 40

  5.   Die Symbolik in den Phantasiereisen   45

B.   Beispiele   49

I.   Tänze, Feste, Rituale   50

  1.   Eine Ballonfahrt zu einem Sommerfest   50
  2.   Kreistanz   53
  3.   Heilungstanz (Brunnen)   56
  4.   Trommeltanz   59
  5.   Tanz auf dem Regenbogen   62
  6.   Tempeltanz   65
  7.   Tanz mit der linken Hand   68
  8.   Ich – bin – da   70
  9.   Indianertanz – Tanz des Guten, um Böses zu verjagen 72
 10.   Ich tanze mich einmal richtig frei   74
 11.   Meditatives Tanzritual   76
 12.   Renaissance-Tanz   79
 13.   Mein Körper tanzt   82
 14.   Ein griechischer Abend   85
 15.   Heilungstanz II   87

	16.	Samba	89
	17.	Mein Zentrum	91
	18.	Ich gehe	93
	19.	Gewitter	96
II.		**Symbole**	**99**
	20.	Das Bild in der Galerie	99
	21.	Statue	102
	22.	Trolltanz	105
	23.	Maskenball	107
	24.	Theaterfundus	110
	25.	Schmetterlingstanz	113
	26.	Clown	116
	27.	Eckig – Rund (Hart – Weich, Kräftig – Schwach)	118
	28.	Tier	121
	29.	Blume	125
	30.	Meine Farbe	129
	31.	Denkmal	131
III.		**Tanz als Ergebnis/Reaktion/Gefühle**	**135**
	32.	Mein Schutzengel	135
	33.	Reise durch meinen Körper	138
Literatur			**141**

Vorwort

Man selbst werden, seine einzigartige und besondere Daseinsform verwirklichen, in eine Verfassung gelangen, in der man unter allen Umständen man selbst bleibt – das ist es, was der Mensch sucht und ohne das er aufhört, Mensch zu sein." (Graf Dürckheim)

Phantasie, ein schillernder Begriff voll positiver, aber auch negativer Assoziationen, gewinnt in positiver Weise immer mehr Beachtung in Bereichen, in denen Menschen mit Menschen in kreativer Art und Weise miteinander umgehen.

Während in der Psychologie 'Phantasie' ihren Platz in der Forschung und Therapie gefunden hat, beginnt jetzt auch vermehrt die Pädagogik diese Methode für sich zu gewinnen.

So findet Phantasie immer mehr heraus aus dem zweifelhaften Ruf nur Träumerei und Fluchtmöglichkeit aus der Realität zu sein. Sie gewinnt zunehmend eine den Menschen „aufbauende" und zum „Lebendigsein" motivierende Bedeutung, weil sie der Bezeichnung wie „Trugbild", die kreative Seite der Bedeutungsmedaille abgewinnt. Daß heißt, Phantasie schöpft nun vermehrt aus den Potentialen, die den Worten „Einbildung[svermögen]", „Einbildung[skraft]" sowie „Erfindungsgabe" und „Einfallsreichtum" gerade in den Wortteilen in Klammern markiert, innewohnen. Es sind alles Wortgehalte, die in lebensgewinnender und lebensbejahender Weise den Menschen zu einer Hilfe für ihre Lebensgestaltung werden können.

> „Phantasie ist eine geistige Kraft, die bewußtseinserweiternd wirkt. Sie hilft dadurch bei der Bewältigung des Alltags. Lösungen für Konflikt und Probleme lassen sich mit ihr besser finden. Durch Phantasie können ein- und festgefahrene Sicht- und Verhaltensmuster aufgelöst werden, es können andere, angemessene an ihre Stelle treten" (*Müller* 1989, 31).

Der Einsatz von Phantasie, d.h. die immer intensivere Benutzung der menschlichen Vorstellungswelt, findet inzwischen in den unterschiedlichsten Pädagogik- und Therapieausrichtungen Verwendung. Sie alle entdecken die Möglichkeiten, die in der Anwendung der Vorstellungskraft für die Entwicklungsprozesse von Menschen liegen.

Vorstellungen können eingeteilt werden in Erinnerungsgeschehen einerseits, das Inhalte früherer Erfahrungen enthält, und in Phantasie, die über die bisherigen Erfahrungen hinausgreift. In der Phantasie ermöglichen wir uns, Dinge vorzustellen, die vielleicht niemals Wirklichkeit werden, die aber eine Antizipation von Gesuchtem enthält. Nicht zuletzt darin liegen die Möglichkeiten für individuelles Wachstum, weil das ganz eigene Bild von Welt, das sich jeder von uns erstellt, in dem ganz persönlichen Vorstellungsvermögen, der Phantasie, wurzelt. Phantasie ist nicht nur ein ausschließlich imaginär-irrationales Geschehen, sondern erschließt sich auch aus den Bereichen, die als Erfahrung bezeichnet wird; letztlich ist damit das Leben gemeint, das den Menschen seelische Ent-wicklungen über den Körper anbietet. In der Phantasie wird der Mensch zum Gestalter seiner Welt im Sinne seiner Lebensbedürfnisse, seiner Ideale und seiner Verwandlungswünsche. Sie ist ein verbindendes Medium zwischen dem in der Außenwelt Erlebten und dem in der Innenwelt vorhandenem Möglichen und somit ein notwendiges Agens für die Gestaltung der eigenen Existenz, der Selbstentfaltung und weltoffenen Selbstverwirklichung.

Was wir als Intuition bezeichnen, hängt m.E. eng mit einem Ansichtigwerden von Zusammenhängen mit Hilfe der schöpferischen Phantasie zusammen.

Im Erlernen, Verstehen und Verarbeiten von Lebenszusammenhängen hat gerade die Spielphantasie ihre besondere Bedeutung in der Entwicklung des Menschen. Das Kind macht durch sie spielerischen Gebrauch von seiner noch Weltfreiheit und Weltoffenheit. Mit Hilfe der Spielphantasie entfaltet das Kind seine Fähigkeiten und vermischt Vorhandenes mit Vorgestelltes, ohne Widersprüche zu erleben.

Wunschphantasien können für das Leben ein Refugium bedeuten und erlauben dem Phantasierenden, sich in den Mittelpunkt des Geschehens zu rücken. In krankhaften Fällen kann die Wunschphantasie jedoch an die Stelle von Handlungen und Bemühungen um die Wirklichkeit treten.

> „Die Phantasie überschreitet alle Dimensionen menschlichen Seins. Ohne Phantasie bleibt das Leben begrenzt. Erst durch sie wird eine Unendlichkeit erschlossen" (*Müller* 1989, 29).

Damit wird eine Dimension angesprochen, die Phantasie in der Religion einnimmt – oder besser: eingenommen hat – denn gerade der Versuch, Glaubensfragen auf verifizierbare Fakten und Dogmen zu beschränken, beraubt den heutigen Menschen ihrer Fähigkeiten mittels der eigenen Phantasie sich in ihrer Religion zuhause zu fühlen. Phantasie ist Möglichkeit des Erlebens von Grenzerfahrungen und Grenzüberschreitungen – oder vielleicht besser gesagt: ermöglicht es uns, unseren Grenzen, wenn es sie denn gibt, überhaupt erst einmal näherzukommen. Sie eröffnet damit religiöse und therapeutische Räume – zwei Bereiche, die heutzutage oftmals nichts mehr miteinander zu tun haben wollen.

Und schließlich: Nachdem in jeder Handlung ein Bewegungsentwurf enthalten ist, der keineswegs bewußt zu sein braucht, spricht man in diesem Zusammenhang von einer besonderen Art von Phantasie, nämlich von der Bewegungsphantasie. Mit ihrer Hilfe sind wir in der Lage, die einzelnen Sinnesempfindungen zu Bedeutsamkeiten eines Bewegungsausdruckes zu koordinieren. Wir schaffen uns auf diese Weise verfügbare Handlungsformen, die ins Bewußtsein geholt, uns noch zusätzlich das Mögliche, das in uns Bereitgelegte, vor Augen führen können.

Palágyi verfolgt in seiner Wahrnehmungslehre den Grundgedanken, daß die Bewegungsphantasie an der Strukturierung und Profilierung der Wahrnehmungen wesentlich mitbeteiligt ist, d.h. daß in der Wahrnehmung schon virtuell jene Bewegungen gegeben sind und vollzogen werden, die die Handlung reell ausmachen.

Wenn wir davon ausgehen, daß die innere Wahrnehmung der Gefühle und des Erlebens in Phantasiereisen angeregt wird, wird die Ganzheit des Menschen noch in besonderer Weise angesprochen, wenn er ermutigt wird, dieses sein inneres Wahrnehmen und Erleben in Bewegung, Rhythmus und Tanz auszudrücken.

Mein Anliegen mit diesem Buch ist es, der zunehmenden Nachfrage der letzten Zeit nach dieser Art von Arbeit mit Phantasiereisen nachzukommen. In den vergangenen Jahren erlebte ich in den verschiedensten Bereichen der Pädagogik einen großen Bedarf nach Informationen und Anleitungen zum Thema Phantasiereisen (z.B. Kongreß: „Verhaltensstörungen verhindern", Carl-von-Ossietzky-Universität Oldenburg 1990 und 1992; Pädagogische Woche, Carl-von-Ossietzky-Universität Oldenburg 1991 und 1992; sowie in Fortbildungen für LehrerInnen und in anderen pädagogischen Feldern Arbeitenden).

So entwickelt sich in den Pädagogischen Arbeitsfeldern die Anwendung von Phantasiereisen mehr und mehr über ein Angebot zum Wohlfühlen hinaus, hin zu einem gezielten Einsatz, um den Menschen Selbsterfahrung und Wachstum zu ermöglichen und dann, in einem weiteren Schritt, mit problematischen Situationen und Konflikten in schulischen und sozial-pädagogischen Einrichtungen kreativ umgehen zu lernen. Denn gerade in der mangelnden Selbst- und Fremdwahrnehmung der Menschen liegt ein großer Teil der Probleme mitbegründet, in denen sich Pädagogen heutzutage selbst und bezogen auf die ihnen anvertrauten Menschen wiederfinden. Die Wahrnehmung dessen, was die Menschen bewegt, ist einem „Sich-Ausliefern" an Umwelt gewichen oder, wie *Sommer* sagt:

> „Nicht eigene Erfahrungen führen zu eignen Urteilen und Begriffen, sondern fremde Urteile und Darstellungen sind vorgegeben – (das ist, Anm. des Autors) eine mittelbare, sehr distanzierte Auseinandersetzung mit einem Bild der Welt, das andere gezeichnet haben." (*Sommer* 1988, 9)

C.G. *Jung* spricht in diesem Zusammenhang von einer erfolgreichen Entziehung eines Großteils unserer Generation der notwendigen Introspektion. Die Menschen wagen nicht mehr den notwendigen Blick nach innen.

> „Die Menschen sind daran gewöhnt nach außen zu blicken, wo sie Reaktionen und Antworten gemäß einem Raster von erworbenen und festgelegten Einstellungen beurteilen. Sie sind nicht vertraut, in sich eine Welt zu finden, die genauso ihren Einfluß geltend macht und Bedingungen schafft, je nachdem, ob sie entsprechend gewürdigt wird oder nicht." (C.G. *Jung* zit. nach *Whitehouse* in: *Wilke* 1991, 142)

Martina *Peter-Bolaender* macht in ihrem Buch „Tanz und Imagination" deutlich, daß in unserer Gesellschaft „eine produktive Orientierung" in der Erziehung als ein vorrangiges Ziel angestrebt werden muß. Dadurch soll eine Entfremdung von und durch Arbeit, die zu einer Entfremdung von psychophysischer Ganzheit der Menschen führt, vermieden werden. Mit „produktiver Orientierung" in der Erziehung meint sie pädagogisch-künstlerische Ausdrucksformen, die über die

> „aktive Teilnahme am Erleben und Gestalten einer kollektiven Kunst sowohl für die seelische Gesundung der Gesellschaft als auch für die seelische Gesundung des Individuums unabdingbar" sind (*Peter-Bolaender* 1992, 65).

Die Selbstfindung des Individuums beinhaltet die größtmögliche Entfaltung seiner Anlagen und Potentiale und darf nicht länger durch eine Nichtbeachtung existentieller Bedürfnisse verhindert werden (vgl. *Peter-Bolaender* 1992, 66).

> „Das Erkennen von Identitätsproblemen, die auch auf mangelndem Selbstwertgefühl des Individuums beruhen, präziser formuliert: auf der Unfähigkeit, überhaupt etwas individuell zu fühlen und damit der Gefahr, der grassierenden Zivilisationskrankheit Depression ausgeliefert zu sein, fordern notwendigerweise ein pädagogisch-therapeutisches Eingreifen im Rahmen der Schul- und Hochschulpädagogik und Erwachsenenbildung heraus" (*Peter-Bolaender* 1992, 66)

Dieses Buch ist entstanden aus eben genau dieser Überzeugung heraus, daß das kreative Hervorbringen der menschlichen Potentiale in einer eigenen, künstlerischen Form not-wendig ist.

Ich will aus meiner mehrjährigen Arbeit mit Phantasiereisen berichten und damit einer Form der Selbstsuche und -findung vorstellen, die Entwicklung durch Erfahrungen ermöglicht, die selbstgewonnen, im und am eigenen Leib gemacht werden.

Ich werde meine Arbeit mit Phantasiereisen vorstellen und möchte insbesondere meine spezielle Form von Phantasiereisen und Ausdruck in Bewegung und Tanz darstellen. Es kommt dabei zu Vermischungen und Überschneidungen mit unterschiedlichen Therapierichtungen.

Die hier vorgestellte Form bietet sich sowohl für Gruppen als auch für die Einzelarbeit an und ist von mir in den letzten Jahren erprobt worden. Da sich das Buch unter anderen auch an PädagogInnen richtet, die in den verschiedensten Berufsfeldern arbeiten, wird auch deutlich, daß diese Methode nicht nur in der Erwachsenenbildung Anwendung finden kann, sondern auch für die kreative pädagogische Gestaltung in der Arbeit mit Kinder geeignet ist.

Zuerst werde ich im Teil A, Abschnitt 1. „Der Begriff Phantasiereise" einiges zur Bezeichnung „Aktive Imagination" und „Phantasiereise" sagen, und die Ziele meiner Arbeit vorstellen.

Im Abschnitt 2. „Phantasiereisen als Gruppenerfahrung" beschreibe ich ausführlich meine erprobte Vorgehensweise im Umgang mit Phantasiereisen.

Im Abschnitt 3. „Der Raum und die Umgebung" gehe ich auf die notwendigen und hilfreichen Voraussetzungen der Räumlichkeiten für die Arbeit mit Phantasiereisen ein.

Da die Musik wichtiger Bestandteil meines Ansatzes von Phantasiereisen ist, kommt im Abschnitt 4. „Der Einsatz von Musik während der Phantasiereise" kommt die vielfältige und differenzierte Anwendung von Musik zur Sprache.

Im Abschnitt 5. „Die Symbolik in den Phantasiereisen" beschäftige ich mich mit der Besonderheit des Symbols und dem Umgang mit Symbolen in der Arbeit mit Phantasiereisen.

Im Teil B: Beispiele, Abschnitt 6. stelle ich meine selbstverfaßten Phantasiereisen vor, die mit Musikangaben zum Gebrauch einladen.

A.   Phantasiereise als Methode

1. Der Begriff Phantasiereise

> *„Wenn es einem Patienten gelingt, aus sich herauszu-*
> *treten, seine Phantasien preiszugeben und zu gestal-*
> *ten – findet eine Umkehrung statt: Er ist nicht mehr*
> *besessen von einer Phantasie: er hat Phantasie!"*
> *(Schoop in Willke 1991, 126)*

In der Literatur und in der Praxis werden inzwischen im Zusammenhang mit Phantasie eine Vielzahl von Begriffen genannt, die auf den ersten Blick verwirren können.

C.G. *Jung*, der in seine „Analytischen Psychologie" mit dem gezielten Einsatz der Phantasie arbeitete, benutzte den Begriff „Aktive Imagination". Diese von ihm entwickelte, und von seinen Nachfolgern inzwischen weiter entwickelte Form der therapeutischen Intervention, ist „eine aktive Hervorrufung innerer Bilder. Sie ist eine „eigentliche Denk- und Vorstellungsleistung", welche innere Gegebenheiten in Vorstellungen zu fassen versucht, die der Natur getreulich nachgebildet sind" (*Amman* 1986, 9). Martina *Peter-Bolaender* spricht von einer spezifischen Form der Improvisation mit Tiefendimension (vgl. *Peter-Bolaender* in: *Willke* 1991, 470), und meint damit die in dieser Methode der Introspektion geförderte Begegnung des Individuums mit Inhalten des Unbewußten (vgl. *Peter-Bolaender* 1992, 52). Sie zitiert dann weiter *Jung*:

> „...alles, was ich weiß, an das ich aber momentan nicht denke; alles was mir
> einmal bewußt war, jetzt aber vergessen ist; alles, was von meinen Sinnen
> wahrgenommen, aber von meinem Bewußtsein nicht beachtet wird; alles,
> was ich absichts- und aufmerksamkeitslos, d.h. unbewußt fühle, denke, erin-
> nere, will und tue; alles Zukünftige, das sich in mir vorbereitet und später
> erst zum Bewußtsein kommen wird, all das ist Inhalt des Unbewußten"
> (*Jung* zitiert in *Peter-Bolaender* 1992, 52f)

Dabei können für die „Aktive Imagination" die Manifestationen des Unbewußten, die aktuellen seelischen Konstellationen als Ausgangspunkt dienen (vgl. *Amman* 1986, 9) „ ...ein Bild, eine Phantasie, eine Stimme, ein Traum, eine (obsidierende) Melodie, eine Stimmung, ein Affekt, eine Emotion, ein deprimierter oder sonstwie gestörter Zustand" (*Amman* 1986, 9).

Als Voraussetzung für „Aktive Imagination" bezeichnet Verena *Kast* „die Kunst des psychischen Geschehenlassens" (*Kast* 1989,188). Bei der „Aktiven Imagination" tritt das Ich aktiv in die Imagination ein, es kontrolliert und verändert das vorgestellte Geschehen und verbindet somit Unbewußtes mit dem Bewußten – das ist das „Aktive" (vgl. *Kast* 1989, 190). Der

> „...Imaginierende geht selbst ins Bild hinein. Er handelt mit, entsprechend der gegebenen Situation. Er spricht mit, wenn auftretende Personen die Möglichkeiten zum Sprechen bieten" (*Amman* 1986, 10).

Der Prozeß des Imaginierens ist ein Geschehen in einer beabsichtigten Schwächung des Bewußtseins und dessen Einfluß, um die Einschränkung und Unterdrückung auf das Unbewußte zeitweilig zu reduzieren (vgl. *Amman* 1986, 21).

In der Analytischen Psychologie wird dem Ausdruck des in der Imagination Erlebten eine große Bedeutung zugeschrieben. Das kann durch Schreiben, Sprechen auf Tonband, Malen, Modellieren, Bewegung und Tanz geschehen (s. 2.4 und 2.5).

Neben dieser Art des Umgangs mit der menschlichen Vorstellungskraft, hat sich in den letzten Jahren eine Anzahl von therapeutischen Formen mit den unterschiedlichsten Bezeichnungen entwickelt:

– Traumreisen
– geleitetes Bilderleben
– Tagtraumreisen
– geführte Imagination
– Phantasiereisen
– Psychoimagination
– Katathymes Bilderleben
– Neue Hypnose
– geführte Traumreisen
– Psychoimagination
– Visualisieren
– u.a.

Diese Auflistung soll hier unkommentiert bleiben; ich verweise dabei auf das Literaturverzeichnis. Allen gemeinsam ist jedoch die Benutzung der menschlichen Fähigkeit, sich Bilder vorzustellen, also die Ausnutzung der geistigen Aktivitäten unter weitgehender Umgehung der linkshemisphärischen Funktionen (s. 2.1).

> „Die Welt der Imagination fasziniert und ängstigt, sie kann dem Alltagsleben neue Dimensionen geben, man kann sich aber auch in der Welt der Imagination verlieren. In der Alltagssprache wird das oft mit dem Ausdruck „unreali-

stisch geworden sein" bezeichnet, „die Verbindung mit der Realität verloren haben". Das sagt man etwa von Menschen, die schöpferische Ideen entwickeln, solange man diese Einstellung nicht versteht" (*Kast* 1989,17).

Verena Kast macht weiter deutlich, daß die Menschen die Tendenz haben, die äußere konkrete Wirklichkeit als real anzusehen. Ganz abgesehen davon, daß dies nicht der Fall ist, neigen wir dann auch noch dazu, die innere Welt als unwirklich zu bezeichnen. Der Vergleich von menschlichen Wahrnehmungen muß an der Subjektivität scheitern (vgl. *Kast* 1989, 17); allenfalls kann es Übereinkünfte darüber geben.

> „Es ist problematisch, die Realität, die im wesentlichen auf der Wahrnehmung der äußeren konkreten Welt beruht, als die Realität zu betrachten und die Realität, die überwiegend auf Vorstellungen beruht, als Nicht-Realität zu bezeichnen" (*Kast* 1989,17).

Oder wie Graf *Dürckheim* sagt:

> „Wir betrachten die Dinge und glauben, sie seien so, wie sie uns erscheinen, in Wahrheit sind sie das, was sie für uns bedeuten, nur mit Bezug auf uns" (*Dürckheim* 1985, 42).

Meine Bezeichnung „Phantasiereise" ist eine Arbeitsform, die der „geführten Imagination" (*Kast* 1989, 43) am nächsten kommt. Dabei erfahren die „Reisenden" im ersten Teil geleitete Anregungen zur Bildvorstellung und im zweiten Teil eine Form der „Aktiven Imagination" zu Musik, die eine Fortführung des geführten Teils ist. Dabei bin ich mir bewußt, daß ich bei den „Reisenden" mit meinen Vorgaben, die unter Umständen nicht im Dienste der fließenden Bilder stehen, den inneren Prozeß auch einmal hemme, oder daß ich mit meinen eigenen Bildern zu sehr den Prozeß des anderen Menschen beeinflusse. Hier muß immer wieder die Anregung an den „Reisenden" ergehen, den eigenen Bildern zu folgen. Doch eine Führung innerhalb einer Imagination kann die Angstschwelle herabsetzen, und dadurch die Herstellung eines Kontaktes mit eigenen Bildern erleichtern und ermöglichen.

Durch das „Führen" macht der Leiter ein Angebot des „Begleitens", erzeugt dadurch ein Gefühl beim „Reisenden" nicht allein gelassen zu werden. Wenn der Kontakt mit der eigenen Bilderwelt hergestellt ist, dann ist das freie Imaginieren zur Musik, das Lösen von der „Leitung" leichter möglich. Durch das Vertrauen, auf einen Weg gebracht zu werden, erfolgt dann ein sich den Richtungen überlassen können, um sich der „uneingelösten Zukunft" zu nähern, die der Vorstellungskraft innewohnt. Diese Zukunft kann eingelöst werden (vgl. *Kast* 1989, 66). Dieses Potential, das in der Vision von Zukünftigem liegt, ist das Kraftreservoir für die Bewältigung der Lebensfragen. Dabei werden im geleite-

ten Teil der Phantasiereise häufig Anregungen zu „Sehnsuchtsbildern"
gegeben, die durch die Beeinflussung der Stimmung Hoffnungen erzeugen

„auf etwas, das besser zu unserem Leben paßt, daß unser Leben stimmiger
macht" (*Kast* 1989, 67).

„Hoffen ist ja nicht einfach ein Bauen von Luftschlössern, sondern letztlich
auch Vertrauen darauf, daß Leben uns trägt, daß das Ganze des Lebens und
die eigene Intention in einen Zusammenhang gebracht werden können –
auch in der Zukunft. In der Emotion der Hoffnung erleben wir eine grund-
sätzliche Geborgenheit" (*Kast* 1989, 26f).

Doch nicht nur Bilder der Hoffnung, der Zufriedenheit können sich in
den Phantasiereisen einstellen, sondern auch beunruhigende, ja angsterzeugende Situationen. So wie bei der „systematischen Desensibilisie-
rung" der Verhaltenstherapie in der Entspannung eine z.B. angstbe-
setzte Situation visualisiert wird, um in der Vorstellung die Angst bewältigen zu lernen, können auch mit Phantasiereisen Situationen an-
geschaut werden, die jedoch durch die Möglichkeit des subjektiven Umgangs mit dem beängstigenden Thema neue Einsichten und Umgangs-
formen ermöglichen. So betont *Shorr,* daß geleitete Phantasie eine Methode ist,

„welche die formale Analyse der bildlichen Vorstellung einschränkt und die
stattdessen davon ausgeht, daß viele Probleme durch die symbolischen
Kämpfe, Verbesserungen oder Transformationen, die in der Phantasie angeregt werden, durchgearbeitet werden können" (*Shorr* 1981, 24).

Der Aspekt des „Bildwerdens" von angsterzeugenden Themen, Situationen und Gefühlen bietet meist eine Heilungschance, wie es auch beim
Katathymen Bilderleben nach Leuner als Wirkung der Therapie deutlich wird (vgl. *Leuner* in *Singer, Pope* 1986). Während die Verhaltenstherapie die systematische Bewältigung dieser Angst anstrebt,
geht es in den Phantasiereisen im Sinne C.G. *Jungs* um das Anschauen
und Integrieren von Schattenanteilen, also nicht um Verlernen sondern
um Integration. Zwar werden in den Anleitungen meiner „Reisen", wie
in der Verhaltenstherapie, bestimmte, vielleicht angsterzeugende Situationen initiiert, doch wird durch die darauffolgende Möglichkeit des
eigenen Aus- und Umgestaltens in dem offenen „musikalischen Freiraum" eine ehe unsystematische, eigene Bewältigungsarbeit ermöglicht. In den Rahmen von beängstigenden Bildern gehören auch die
bedeutungsvollen Erinnerungen, die durch eine Entspannung eine erhöhte Emotionalität erfahren können. Negatives Bilderleben erfordert
gegebenenfalls anschließende Hilfe und Führung.

Ein angenehmes Bilderleben zu konfliktvollen Situationen aktiviert und erfüllt mit positiven Energien, um sich an ihre Bewältigung zu wagen. Diese oft (wieder)gewonnene Gefühlserfahrungen zu alten, manchmal längst vergessenen Bildern, ist einer Bedeutungsverarbeitung meist zugänglicher als das Wort. Viele dieser uns immer wieder „einholenden" Bilder liegen mitunter lebenslang ungenutzt brach. Dabei können sie in all dem Belastendem durchaus zu einem guten Potential für Veränderungen werden.

> „Bei der Überprüfung der psychoanalytischen These vom Kindheitstrauma haben z.B. *Erdely* und *Becker* (1974) entdeckt, daß bildhafte Erinnerungen nicht verblassen, sondern sogar immer genauer werden können, wenn sie ab und zu – ohne Rückmeldung – ins Gedächtnis gerufen werden. Sie nennen dieses Phänomen >Hypermnesie<. Traumatische bzw. sehr bedeutungsvolle Ereignisse die in bildhafter Form gespeichert sind und die sich eine Person ab und zu ins Bewußtsein ruft, werden also nicht einfach vergessen. Sie bleiben als bildhafte Speicherung bestehen und können das Verhalten beeinflussen (*Schuster* 1986,165). Die erhöhte Intensität des emotionalen Erlebnisses erleichtert dabei das Wachrufen einer bildhaften Assoziation bei späteren Erinnerungen" (vgl. *Schuster* 1986, 165),

so wie auch die Kontaktaufnahme mit dem Bild eine Intensivierung des Gefühls bewirken kann. Und diesen Bildern ist, wie Verena *Kast* betont, ganz allgemein die Emotion der Hoffnung eigen.

> „Das Gefühl, daß sich Situationen ändern können, daß die Zukunft immer auch offen ist, wird durch das Medium Imagination auch dort, wo sie weitgehend unsere Wünsche abbildet, an uns herangetragen" (*Kast* 1989, 26).

Und der Wunsch zur Annahme bzw. Bewältigung einer Erinnerung zeigt sich durch das Sich-verdeutlichen, das Bild-werden.

In meiner Arbeit mit dem Medium Phantasiereisen haben sich in den letzten Jahren einige Möglichkeiten, ja Ziele verdeutlicht, die alle gemeinsam das Leben – das Erfahren von Lebendigsein – meinen:

So erlebte ich bei den Phantasiereisenden ganz allgemein ein vermehrtes Angehen von schwierigen Situationen und Fragen und ein Finden von ganz individuellen kreativen Lösungen. Dieses Schöpferische in den Menschen ermöglichte dabei immer eine Erweiterung der Selbständigkeit. Vieles, was bislang als nicht möglich und unmachbar erschien, erhielt eine Motivation zur Umsetzung im täglichen Leben. Sich unabhängig machen von gut gelernten Bewertungsmustern und das Annehmen besonders von positiv besetzten Anteilen erwies sich als befreiend und führte zu Unabhängigkeiten. Das Schöne in sich zu entdecken und auch zu akzeptieren – und das erwies sich oft als besonders schwierig – ließ psychische Energie fließen und ermutigte das Schöne auch konkret werden zu lassen. Die Findung eigener Standpunkte in moralischen und geistigen Fragen konnte gefördert werden und diente so zusammen mit dem Erleben von neuen und alten Emotionen der Vervollkommnung der Menschen.

Verena *Kast* beschreibt ihre Ziele für eine Therapie in ihrem Buch „Die Dynamik der Symbole"; ich möchte sie gern auch als meine Ziele bei der Arbeit mit Phantasiereisen anführen:

> „...daß die Menschen nicht mehr fixiert sind, daß sie flexibel werden, daß sie lernen, viele mögliche Einflüsse in ihr Leben aufzunehmen...schöpferisch mit dem eigenen Leben umzugehen, auf dem Weg zu sein, aber schon auch mit Stagnierungszeiten umgehen zu können, und vor allem auch, sich mit sich selber einverstanden erklären zu können als Werdender, als Werdende mit allen Ecken und Kanten, die man so hat und die einen ausmachen...das Risiko des Selbst-seins auf sich zu nehmen, zu riskieren, man selber zu sein." (*Kast* 1990, 41).

2. Phantasiereise als Gruppenerfahrung

Der Blick durch die geöffnete Tür in das Paradies meiner eigenen Phantasie wird begünstigt durch ein „Sich-öffnen", ein „Sich-aufmachen", ein „Offen-sein", wie es ein Reisender ist, der Neues kindlich unvoreingenommen, vielleicht staunend auf sich wirken läßt. Deshalb ist das englische Verb „to raise" (=sich erheben, sich aufmachen) stimmiger für das Reisen in die eigene Phantasiewelt als das deutsche wortverwandte „reisen", gerade dann, wenn die heute so weit verbreitete Art zu reisen, also das ausschließliche auf den Urlaubsort beschränkt sein, darunter verstanden wird. „Sich aufmachen" ist schon in seiner Zweideutigkeit einladend: „Sich auf und davon machen" meint umgangssprachlich alles Belastende hinter sich lassen, für andere nicht mehr da sein, sich selbst jedoch in Offenheit ins Unbekannte wagen. „Da machten sie sich auf..." oder „Und sie machten sich auf..." Diese Beschreibung finden wir noch sehr häufig in Märchen, Legenden, Erzählungen und schließlich in der Bibel. Es beschreibt zumeist eine Situation, in der Altes hinter sich gelassen wird, neue Orte oft Sinnbild für neue Lebensabschnitte stehen. Letztendlich heißt es, sich auf die Wagnisse und Unwägbarkeiten einer Veränderung einzulassen, geöffnet mit allen Sinnen sich auf den eigenen Weg zu begeben, der ohne Offenheit schnell zu einem immer enger werdenden Weg, ja zu einer Sackgasse werden kann. Für das „Reisen", das „Reisen" in die eigene Phantasiewelt, ist also ein „to raise", ein „Sich-Aufmachen", gemeint.

In der Arbeit mit meinen Phantasiereisen innerhalb einer Gruppe hat sich die Einhaltung eines bestimmten Ablaufes bewährt. Das gibt, wie ein Ritual, den „Reisenden" Sicherheit und führt dadurch zu einer entspannenden, angstreduzierenden Atmosphäre in den wöchentlich stattfindenden Gruppensitzungen. Doch auch innerhalb von Seminaren und bei Demonstrationen meiner Arbeit auf Kongressen und Fortbildungen verfolge ich immer denselben Ablauf:

Die „Reisenden" bereiten sich ihren Platz auf Matten und mit Decken, wenn möglich in einem großen Kreis mit den Füßen zum Kreismittelpunkt liegend; in sitzender Haltung könnten auftretende Schmerzen zu Ablenkungen führen. Außerdem ist ein breiterer Zugang zur Phantasie in horizontaler Lage möglich als in vertikaler (vgl. *Shorr* 1981, 74). Der/die Leiter/in sitzt auf seinem Platz ebenfalls auf der Kreislinie, damit alle Liegenden seine Anleitungen gut verstehen können. Der Ablauf der Phantasiereise hat dann die Reihenfolge

- die Entspannungsphase
- die Phantasiereise
- die Herausführung aus der Phantasiereise
- die Bewegung und der Tanz als Ausdrucksformen
- das Gespräch in der Gruppe.

Diese verschiedenen Verlaufsabschnitte möchte ich nun im folgenden jeweils einzeln beschreiben und erläutern.

2.1 Die Entspannungsphase

> *„Die sinnlichen Qualitäten gehen von der Oberfläche in die Tiefe. Das Wort Tiefe bedeutet etwas ganz anderes als Intensität; tief ist immer, was den Menschen in seiner Person trifft: je mehr sein ganzes Sein betroffen ist, um so tiefer sind seine Empfindungen. Je oberflächlicher Empfindungen sind, desto mehr ist er nur mit einem Teil seines Selbst beteiligt. Mit der Tiefe der Erfahrung steht das Sein auf dem Spiel. Es fordert den ganzen Menschen und gibt ihm seine wahre Verantwortlichkeit"* (Dürckheim 1985, 57).

Während einige Autoren den Vorgang des Imaginierens ohne besonders intensivierte Entspannungsphase beschreiben, bzw. das besondere Wahrnehmen von Körpersensationen Teil der Imagination ist (vgl. *Araoz* 1989, *Shorr* 1981, *Singer* 1986), heben andere die Wertigkeit der Entspannung hervor:

> „Die Vorstellung wird erheblich lebendiger; sie gewinnt an Farbigkeit, an Plastizität, entwickelt sich zu einem drei-dimensionalen Objekt und befindet sich in einer Umwelt, die der Betreffende in seiner optischen Phantasie durchschreiten kann... Mit Aufkommen der Vorstellung vertieft sich der Entspannungszustand, sukzessiv wird die Imagination lebhaft und farbiger; das wiederum hat eine Vertiefung des Entspannungszustandes zur Folge. So entwickelt sich ein Kreisprozeß, der die Versuchsperson trotz geringer anfänglicher Relaxion in einen tiefen hypnoiden Zustand versetzen kann, ohne daß eine Hypnose eingeleitet oder vom Therapeuten angestrebt worden wäre" (*Leuner* in: *Singer* 1986, 151).

Ein weiterer Grund für die Einleitung einer Entspannung vor der Phantasiereise liegt in dem verstärkten Zugang zu den Potentialen der rechten Gehirnhälfte, der Hemisphäre, die während der Relaxion eine intensivierte Aktivierung erfährt.

Die beiden Gehirnhälften sind funktional von einander getrennt in eine linke Hemisphäre = analytisches und in eine rechte Hemisphäre = ganzheitliches Prinzip (vgl. *Teeken* 1987, 138). Sie übernehmen damit unterschiedliche Aufgaben. Die Vorstellungen von Bildern sind deutlich stärker mit der rechten Hemisphäre verbunden; unsere westliche Zivilisation erlebt jedoch durch eine Überbetonung des logisch-linearen und kausalen Denkens einen Verlust gerade dieser kompensatorischen und kreativ-innovativen Potentiale. *Schuster* betont, daß erst nach dem Ausschalten der dominanten Form der Denkprozesse, wie bei der Meditation, das Denken zu den inneren Bildern und deren handlungssteuernden Anteilen vorstoßen kann (vgl. *Schuster* 1986, 172).

> „Die bildhaften Erlebnisse wie z.B. Traum oder Tagtraum treten erst auf, wenn im Zustand der Entspannung oder des Schlafes die verbalen Gedanken zurücktreten. Dies läßt sich mit der >Stimulus release Hypothese< (*Jackson*,1932) erklären: Die Reizstärke der internen bildhaften Prozesse ist relativ gering, also können sie erst dann wahrgenommen werden, wenn die Stimulatoren durch die Sinne zurücktreten" (*Schuster* 1986, 172).

Die rechte Hemisphäre ist durch ihren Aufgabenbereich für die damit verbundene Gefühlswelt zuständig, finden jedoch ihren Ausdruck durch die „verbale Seite" der linken Hemisphäre.

> „Weil den emotionalen Prozessen kein eigenes Sprachverständnis bzw. keine Sprachgeneration zur Verfügung steht, werden die Erklärungen für dieses Geschehen von der linken Hälfte >nachgeliefert<„ (*Rogers* zitiert in *Schuster* 1986, 168).

Durch eben diese unsere Fähigkeit zum Rationalisieren sind unsere Gefühle im Erleben oft weit hinter den verbalen, kausalen Prozessen entfernt. Es sind gerade die intensiv (wieder)erlebten Gefühle, und nicht so sehr unser Verstand, die uns zu einem Verändern im Verhalten verhelfen, denn effektive

> „Veränderung geschehen durch erlebnis-orientierte, rechtshemisphärische Aktivitäten und nicht durch Vernunft oder Verstand (linkshemisphärische Funktionsweisen)" (*Araoz* 1989, 32).

Araoz sagt weiter:

> „Wenn der Wille und die Imagination in Widerspruch stehen, gewinnt immer das letztere. Je stärker man etwas versucht und je mehr Willenskraft man zur Erreichung eines persönlichen Ziels aufbringt, desto weniger erreicht man es. Das ist der Grund, warum Entspannung – der Zustand, in dem man mit Gedanken sanft, friedvoll und ohne Zwang umgehen kann – im allgemeinen der Einleitung hypnotischer Veränderungen dient" (*Araoz* 1989, 36).

22

In den Jahren meiner Arbeit mit Phantasiereisen hat sich eine Ent-
spannungsanleitung entwickelt, die ich im folgenden nun wörtlich wie-
dergeben möchte. Der Wortlaut ist nicht immer derselbe – zu Veränderungen bzw. Verkürzungen kommt es insbesondere dann, wenn die
Phantasiereise bzw. die gewählte Musik länger als gewöhnlich ist. Ansonsten hat es sich bewährt, immer ähnliche Anweisungen zu geben,
um eine Irritation innerhalb der Entspannung zu vermeiden. Außerdem kann es bei genauer Kenntnis des Wortlautes zu einer Vertiefung
der Relaxion durch Selbstsuggestion kommen. Durch das Verfolgen der
bekannten Anweisungen findet ähnlich einem Mantras ein selbständi-
ges Hineinführen in die eigene Entspannung statt. Das vorgestellte
Verfahren bezieht die mentale Aktivität der Teilnehmer mit ein, indem
zu einem Erspüren und zur bewußten Wahrnehmung der einzelnen
Körperteile und von Schwere- und Wärmeempfindungen angeleitet
wird. So beziehen die folgenden Anweisungen Teile des Autogenen Trainings nach *Schultz* mit ein und verwenden ansonsten die als „Body-
Scan" bekannte Methode des Körperdurchspürens.

Die Dauer der Anweisungen beträgt ungefähr 10 – 15 Minuten.

Entspannungsanweisungen

Die folgenden Anweisungen zur Entspannung sollten in einer gleich-
bleibend ruhigen Stimme in einem nicht zu schnellen – eher langsamen
– Tempo gesprochen werden. Auf einen gewollten hypnotisierenden
Einsatz der Sprache sollte jedoch verzichtet werden; eine natürliche
Art des Sprechens ist viel wirkungsvoller für eine Entspannung. Nach
jeder Zeile ist durch einen Strich eine Pause, ein Innehalten, markiert,
um den Teilnehmer/Innen Zeit für ihr inneres Spüren zu ermöglichen.
Diese Beibehaltung des ruhigen Sprechen mit Pausen ist auch in den
Phantasiereisen anzuraten und wird auch dort mit „Pausenstrichen"
markiert.

Spüre, wie Du liegst auf dem Boden –

und spüre, ob Du noch etwas an Deiner Lage verändern möchtest –

nimm Deinen Atem wahr –

das Aus- und das Einatmen –

spüre den Boden unter Dir –

spüre Dein Gewicht –

und gib nun mit jedem Ausatmen Gewicht ab an den Boden –

laß Dich dadurch gut nieder hin zum Boden –

spüre, wie Dich der Boden trägt –

fühl Dich getragen vom Boden.

Nimm Geräusche wahr, hier drinnen im Raum oder draußen –

und laß sie dann durch Deinen Raum hindurchziehen –

sie stören Dich nicht –

Geräusche kommen und gehen –

Gedanken, die Dir kommen, laß auch sie weiterziehen, wie Bilder auf einer Leinwand –

bewerte sie nicht –

Gedanken kommen und gehen –

(Nur bei Anfängern: es kann sein, daß Du ab und zu ein Hustenreiz verspürst –

das darf sein –

es kann auch sein, daß einzelne Muskeln oder Deine Augenlider etwas unruhig sind –

auch das ist nicht weiter schlimm).

Nimm nun wieder Deinen Atem wahr –

spüre, wie sich dabei Deine Bauchdecke hebt und senkt.

Atme mit jedem Ausatmen Unruhe aus –

und erfülle Dich mit jedem Einatmen mit Ruhe.

Gehe nun mit Deiner Aufmerksamkeit durch Deine Leisten hindurch, hinein in Deine Oberschenkel –

nimm Dich dort gut wahr, in Deinen Oberschenkeln –

spüre durch die Oberschenkel hindurch, hinein in Deine Knie –

spüre hinein in Deine Unterschenkel –

bis in Deine Fußgelenke –

und hinein in Deine Zehen –

spüre Deine Zehenspitzen als das Ende Deiner Beine –

nimm Deine Fußsohlen wahr –

und spüre, wo Deine Fersen auf dem Boden aufliegen.

Nimm nun beide Füße wahr, so wie sie auf dem Boden aufliegen, und laß sie dort ruhen –

spüre Deine Waden auf dem Boden –

spüre von den Kniekehlen hin zum Boden –

nimm wahr, wo Deine Oberschenkel Kontakt mit dem Boden haben –

und spüre hinein in Deine Hüftgelenke –

nimm nun beide Beine wahr, so wie sie auf dem Boden liegen –

und laß sie gut zu Boden sinken –

laß sie schwer werden –

dann laß sie mit Energie durchströmen –

und laß sie warm werden –

laß beide Beine schwer und warm sein –

spüre Dein Gesäß auf dem Boden –

und nimm Dich wahr im unteren Teil Deiner Wirbelsäule –

geh nun mit Deiner Aufmerksamkeit die Wirbelsäule entlang Richtung Kopf –

sehr behutsam und neugierig –

Stück für Stück –

vielleicht hilft Dir die Vorstellung: wie auf einer Strickleiter –

bis zu der Stelle, wo Dein Brustkorb auf dem Boden aufliegt –

nimm Dich wahr im Brustkorb und spüre, wie er sich bewegt durch den Atem –

spüre Deine Schulterblätter auf dem Boden –

und geh nun mit Deiner Aufmerksamkeit hinein in Deine Oberarme –

nimm Dich wahr in Deinen Oberarmen –

spüre durch die Oberarme hinein in die Ellenbogen –

hinein in die Unterarme –

bis in Deine Handgelenke –

spüre Deine Handrücken –

hinein in Deine Finger –

Deine Daumen –

nimm Deine Fingerspitzen wahr, als das Ende Deiner Arme –

spüre Deine Handflächen –

nimm nun beide Hände wahr, so wie sie auf dem Boden liegen –

und laß sie dort ruhen –

spüre Deine Unterarme auf dem Boden –

die Ellenbogen auf dem Boden –

nimm wahr, wo die Oberarme Kontakt mit dem Boden haben –

spüre hinein in Deine Schultergelenke –

nimm nun beide Arme wahr, so wie sie auf dem Boden liegen –

und laß sie gut zu Boden sinken –

laß sie schwer werden –

dann laß sie mit Energie durchströmen –

laß sie warm werden –

laß beide Arme nun schwer und warm sein –

spüre Deinen Nacken und laß Dich los im Nacken hin zum Boden –

spüre die Auflagefläche Deines Kopfes auf dem Boden –

und spüre über die Schädeldecke hin zur Stirn –

entspanne Deine Stirn noch mehr, indem Du sie in Gedanken ausstreichst hin zu den Schläfen –

vielleicht spürst Du auch einen kühlen Hauch auf Deiner Stirn –

spüre Deine Augenbrauen –

die Augenlider –

und Deine Augen –

gönn´ auch ihnen Ruhe –

streiche in Deiner Vorstellung sanft über die Nasenflügel hin zur Nasenspitze –

und glätte Deine Wangen hin zu den Ohren –

spüre Deine Lippen –

und Deine Zunge, wie sie gelöst im Mundraum ruht –

streiche vom Kinn hin zu den Ohren –

spüre die Ruhe in Deinem Gesicht –

spüre die Ruhe in Deinem Körper –

und um Dich herum –

es ist Dein Raum der Ruhe, in den Du Dich jetzt mit jedem Ausatmen mehr und mehr hineinbegleiten kannst.–

Öffne Dich nun mehr und mehr für Deine ganze Vorstellungswelt –

Deine ganze Bilderwelt ist für Dich bereit.

2.2 Die Phantasiereise

Anschließend an die gesprochene Entspannungsanweisung wird sogleich die Phantasiereise vorgelesen. Dabei sollte sich der Tonfall und die Lautstärke möglichst nicht verändern, um den entspannten Zustand nicht zu stören und eine Vertiefung durch die nun einsetzenden Bildvorstellungen nicht zu beeinträchtigen.

Die Phantasiereisen, die ich im Abschnitt 6 vorstellen werde, sind alle nach demselben Aufbau gestaltet:

a) die geleitete Phantasiereise
b) die freie Fortführung der Imagination zu Musik

Im Teil a) übernimmt der Leiter die Führung und lädt zum Folgen ein. Es ist jedoch wichtig, in den allgemeinen Gesprächen immer wieder zu betonen, daß die Teilnehmer jederzeit ihren eigenen, manchmal weit abschweifenden Imaginationen folgen können, denn gerade diese Freiheit, den vorgegebenen Pfad zu verlassen zu dürfen, ermöglicht das Wiederanknüpfen an den Text. Dieser mögliche Freiraum ist sehr bedeutsam, denn je nach momentaner Fragestellung des Einzelnen ergeben sich mitunter ganz eigene, gänzlich andere Verläufe der Phantasiereise. Ich gebe daher eher eine Ermutigung eigene Wege sogar zu suchen.

Im Teil b) hört mit dem Einsetzen der Musik meist die Sprache auf – Ausnahmen sind im Text vermerkt, wenn auf die Musik gesprochen werden soll – und lädt die „Reisenden" ein, sich ganz der Musik zu überlassen und sich ihrer Vorstellung anzuvertrauen. (zur Funktion und Wirkung von Musik s. 4.)

An dieser Stelle möchte ich die Besonderheit meiner Phantasiereisen (s. Abschnitt 6) erläutern, die sich in der Verwendung von „Bewegung" innerhalb der „Reise" von den in der Literatur vorzufindenden – z.B. Else *Müller*, John O. *Stevens* u.a. – deutlich unterscheiden.

Jede meiner Phantasiereisen geht in der Regel beim Einsatz der Musik über den Moment des Sich-selbst-vorstellens in einer bestimmten Situation hinaus und lädt ein, sich in seinen eigenen Bewegungsqualitäten zu erleben. Das vielleicht anfänglich ungewohnte, weil ungeübte Erfahren des Körpers in „Bewegung", während ich doch „unbeweglich" am Boden liege, führt oft zu einer überraschenden Wirkung: Ich sehe mich bewegen und fühle mich in der Bewegung. Und dieses Sich-fühlen in der eigenen Vorstellungswelt ist die Quelle für Bewegungs- und Gefühlserweiterungen. Nicht immer, jedoch recht häufig erleben sich die „Reisenden" in äußerst angenehmen Bewegungen, die sie bislang bei sich noch nicht erlebt haben. Sie empfinden nicht nur „Neues" während sie sich bewegt sehen und fühlen, sondern sind oft erstaunt über unbekanntes Bewegungsverhalten. Und dieses bislang bei sich noch nicht erfahrene Bewegungsvokabular ist nun in der Entspannung angstfrei, oft urteilsfrei erlebbar – eine Erfahrung, für die vielen TeilnehmerInnen oftmals die passenden Worte fehlen.

> „Das Denken in Bewegung könnte als ein Ansammeln von Geschehenseindrücken im Geist betrachtet werden, von Eindrücken, für die uns eine Nomenklatur fehlt. Im Gegensatz zum Wortdenken dient dieses nicht der Orientierung in der Welt, sondern es vervollständigt die Orientierung des Menschen in seiner inneren Welt, wo ständig Impulse entstehen und ein Ventil im Tun, im Darstellen oder Tanzen suchen" (*Laban* 1988, 23).

Es ist also vor allem die rechtshemisphärische Seite unseres Gehirns, die in der Entspannung besonders angesprochen wird und Bewegungssehen und -fühlen ermöglicht. Dadurch wird die Vorstellungskraft zu einer „Quelle der Inspiration" (*Laban* 1988, 30)

Dieses Verfahren des Visualisierens von Bewegungen ist in Bereichen des Sports und da besonders zur Leistungssteigerung, schon seit einiger Zeit als „Mentales Training" bekannt:

> „Mentales Training ist das planmäßig wiederholte, bewußte Sich-Vorstellen einer sportlichen Handlung ohne deren gleichzeitige praktische Ausführung" (*Eberspächer* nach *Volpert* 1990, 74).

Der Gebrauch des Vorstellungsvermögens bzw. der Bewegungsvorstellung ist nach *Suinn* eines der wirksamsten Hilfsmittel für Höchstleistungen. Es versetzt den Sportler in die Lage, gleichzeitig Körper und Geist zu beeinflussen (vgl. *Suinn* 1989, 37). Auch wenn der Sport das Visualisieren von Bewegung zur Leistungssteigerung benutzt und damit nicht direkt mit den Zielen meiner Arbeit übereinstimmt, so sind doch die Ergebnisse von Bedeutung für die Arbeit mit Phantasiereisen in denen Tanz und Bewegung betrachtet und erlebt werden sollen. Deshalb möchte ich es hier als ein meine Arbeit unterstützendes Modell mitanführen. In dem Anschauen und bewußten Wahrnehmen von

Bewegungsabläufen in den „Reisen" geht es zwar auch um ein Optimierung und Erweiterung des Bewegungsrepertoires, jedoch nicht um damit in einen Vergleich mit anderen zu treten. Es geht immer darum, sich mit all den neuen, bislang unentdeckten Bewegungs- und damit verbundenen Gefühlsaspekten zunehmend vertraut zu werden und sie durch das positiv besetzte Erleben in mein Selbst zu integrieren.

Porter/Foster beziehen sich auf von *Houston* beschriebene Untersuchungen, die bestätigen, daß

> „intensiv erfahrene Vorstellungen, geistige Bilder also, die gesehen und gefühlt werden, beträchtlichen Einfluß nehmen können auf die Hirnströme, den Blutkreislauf, die Pulszahl, die Hauttemperatur, die Magensekretion und die Immunreaktion ... in der Tat auf die gesamte Physiologie" (*Houston* zit. in: *Porter/Foster* 1987, 51).

Das ist auch der Ansatz von Günther *Gauß*, der in seinem Buch: „Heilmeditation für Krebskranke" gerade die Möglichkeiten der physiologischen Einflußnahme im Krankheitsverlauf für Krebskranke anbietet.

Die Wirkungsweise des Visualisierens beschreiben *Porter* und *Foster* folgendermaßen: Durch das Sehen und Wahrnehmen der damit verbundenen Gefühle werden auf physische Weise im Gehirn sog. Erregungskonstellationen" (neurale Nervenstrukturen) erzeugt. Das Gehirn, welches die Signale zu einer Bewegung aussendet, d.h. den Muskeln die Art und Weise ihres Bewegungsablaufes befiehlt, benutzt die in den Gehirnzellen eingravierten Erfahrungen (vgl. *Porter/Foster* 1987, 51) Obwohl Bewegungen nur im Geiste ausgeführt werden, kann

> „dieser Vorgang der geistigen Vorstellung eine solch mächtige Auswirkung haben, daß ihr gesamter Körper sich fühlt, als hätten Sie physisch an einem Wettkampf teilgenommen...Für ihr Gehirn ist eine Nervenstruktur eine Nervenstruktur, ob dieses Muster nun durch eine physische Handlung geschaffen wurde oder durch einen mentalen Akt. Ihr Gehirn sendet die Botschaft an die Muskeln aus und die Muskeln reagieren...weil der Geist nicht unterscheiden kann zwischen einem gedachten oder wirklichen Erlebnis" (*Porter/Foster* 1987,53).

Mit Hilfe von geistigem Training kann also durch das Erzeugen von neuralen Strukturen der Bewegungsapparat perfekt dazu gebracht werden, das zu tun, was von ihm gefordert wird (vgl. *Porter/Foster* 1987, 52). Für *Porter* und *Foster* sind dabei wichtig, daß die visualisierenden Sportler eine klare Vorstellung davon haben, „wie eine perfekte Leistung oder Darbietung in Ihrer Disziplin aussieht" (*Porter/Foster* 1987, 52). Für *Eberspächer* funktioniert das „mentale Training" nur dann,

„wenn man in der Lage ist, sich den Bewegungsablauf, den man trainieren will, außerordentlich lebhaft vorzustellen. Um die einzelnen Handlungsschritte möglichst genau in Gedanken durchgehen zu können, sollte man die entsprechenden Farben förmlich sehen, die Düfte riechen, die charakteristischen Geräusche hören und die Teilbewegungen in der Bewegungsvorstellung spüren" (*Eberspächer* 1990, 77).

Für die Arbeit mit Phantasiereisen ist kein Bild von Bewegungsabläufen vorgegeben, es gibt keine Ideale, denen es nachzueifern gilt, wie es *Porter* und *Foster* empfehlen, indem sie dazu anregen

„sich Bilder von Athleten, die ihre Disziplin in Perfektion zeigen, so aufzuhängen, daß sie sie so oft wie möglich sehen können. So schaffen sie fortwährend ein perfektes Bild in ihrem Geiste, ein Gefühl in ihrem Körper oder wichtige Töne und Wörter" (*Porter / Foster* 1987, 52).

Eine lebhafte Vorstellung jedoch, bis hin zur Anregung sich Düfte, Farben und die Bewegungen und Wahrnehmungen einzelner Körperteile vorzustellen und zu erfühlen, finden sich wie bei Eberspächer auch in meinen Phantasiereisen (s. Abschnitt 6) konsequent wieder. Für das Erproben von neuen Bewegungsstrukturen ist das Erleben von neuen Bewegungsmustern gekoppelt an angenehme Gefühle die Ausgangsbasis, kein Leitbild.

Der kreative Akt des Erschaffens von neuen Bewegungen führt zu einer Identitätserweiterung und Stärkung der Persönlichkeit. Veränderungen von Bewegungsmustern gehen einher mit Veränderungen der gesamten Persönlichkeit. Dabei stellt sich sehr oft heraus, daß durch das „Vom-Platz-rühren" der Bewegende sich in seinen Lebensfragen berühren läßt.

„In unseren Träumen nimmt Bewegung oft etwas Phantastisches an, obgleich ihre äußerlich Form durchaus in Beziehung zu den Handlungen des Alltags stehen" (*Laban* 1980, 92).

Um die mögliche Umsetzung der in den Phantasiereisen gesehenen und gefühlten Bewegungen soll es in dem Abschnitt 2.4 gehen.

2.3 Die Herausführung aus der Phantasiereise

Der Text in den Phantasiereisen ist in den Schlußgestaltungen recht zügig zu einem Ende geführt. Das geschieht deshalb so „schnell", damit die gerade erlebten und gesehenen Bewegungen unverzüglich zum Ausdruck gebracht werden können. Die sonst häufig gebrauchten Rückführung an den Ausgangspunkt der Phantasiereise zurück, findet nur noch in einzelnen Beispielen statt, bzw. sehr verkürzt. Die Eindrücke und Gefühle der gerade erfahrenen Bilder können somit alsbald körperlich nach- bzw. neu erlebt werden.

Mit dem folgenden Wortlaut (oder ähnlichem) werden die Reisenden aus der Phantasiereise zurückgeleitet:

Laß nun Deine Bilder mehr und mehr in den Hintergrund treten –

bis sie ganz verschwunden sind –

bereite Dich nun darauf vor hierher in den Raum zurückzukommen, wo Du die Gelegenheit haben wirst, Deine in den Phantasiereise gemachten Bewegungserfahrungen in und mit Deinem Körper zu erproben.

Danach erfolgt dann, wie in allen Phantasiereisen, das Herausführen aus der Entspannung mit den Worten:

Wenn gleich die Klangschale ertönt, zähle von 10 bis 0,

räkle Dich wohlig und setz Dich auf.

2.4   Die Bewegung und der Tanz als Ausdrucksform

Die Bewegung und der Tanz sind für den Menschen wichtige Bestandteile des In-der-Welt-Seins. Dabei ist die Bewegung lebensnotwendiges Mittel zur Kontaktaufnahme mit der Umwelt; Erlernen von Leben kann ohne Bewegung nicht stattfinden. Im Verlauf seines Lebens bedarf der Mensch der unterschiedlichsten Ausdrucksformen, um die gewonnenen Eindrücke zu verarbeiten. Der Mensch allein ist fähig, diese unterschiedlichsten Ausdrucksformen zu erlernen und sich ihrer zu bedienen.

> „Wenn der Mensch sich nicht mehr ausdrücken kann, ob bewußt oder unbewußt, ob spontan oder gestaltet, ob einfach oder komplex, ob ästhetisch oder nicht, so hat er eines seiner wichtigsten Vermögen verloren: ein Vermögen, das ihn nicht nur befähigt, sich zu äußern, sich mitzuteilen und damit Verbindung zu anderen aufzunehmen, sondern auch ein Vermögen. das ihm gestattet, sich und die Welt zu gestalten, zu formen, über seinen eigenen Ausdruck einen Eindruck in der Welt, in Menschen zu hinterlassen. In aller Kunst, so auch im Tanz, ist deshalb etwas Heilendes, weil sie den Menschen vom Objekt-Sein, vom Allein-Sein, vom Unausgedrückten und Unausgesprochenen befreit" (*Willke* 1991, 393).

Der Mensch kann sich seine schöpferischen Fähigkeiten nutzbar machen und mittels seiner Sinne seine innere und äußere Welt – wenn denn überhaupt eine Trennung möglich ist – sinnlich erfahren und dadurch sinnvoll gestalten. Das Schöpferische im Menschen hat jedoch gerade in den individuellen Sinnes- und Sinnerfahrung ihre Quellen. Je weniger nun das menschliche Vermögen schöpferisch und kreativ zu gestalten benutzt wird, desto weniger scheinen die Sinne zur Aufnahme geöffnet und motiviert zu werden. Die lebenswichtigen zwischenmenschlichen Kontakte werden eingeschränkt und dem Gefühl des aktiven „In-der-Welt-Seins" wird die Energie entzogen. Immer mehr Menschen erleben sich dadurch in zunehmender Vereinzelung und Vereinsamung statt in ihrer individuellen Subjekterfahrung. Mit einer intensivierten Schulung der Wahrnehmungsfähigkeiten und der menschlichen Ausdrucksfreude innerer Befindlichkeiten kann das „Da-Sein" in der Welt wieder sinnvoller werden.

In dem der Phantasiereise folgenden Schritt fließen die Ausdrucksformen Bewegung und Tanz von der Imaginationssphase ins körperliche Erleben, von der Phantasie in die Körperlichkeit. So wie in anderen Formen des therapeutischen Arbeitens die Ausdrucksformen des Malens und Zeichnens, Töpferns und Collagierens im Anschluß an eine Imagination benutzt werden, ist für meine Phantasiereisen der Körper das Mittel der Expression, das Medium in und an dem gestaltet wird. Zu derselben Musik, die in der Phantasiereise zur Bewegungsvorstellung eingeladen hatte, kann nun die „innere" Bewegung eine „äußere" Gestaltung erfahren, eine Form finden. Mary *Wigman* sagt dazu:

> „Wenn die innere Bewegtheit im tanzenden Menschen den Impuls zur Sichtbarmachung seiner bisher noch unsichtbaren Vorstellung auslöst, so ist es seine körperliche Bewegung, durch die sich diese Vorstellung im ersten Stadium manifestiert" (*Wigman* in *Willke* 1991, 53).

Die in den „Reisen" gemachten Bewegungserfahrungen bleiben den Teilnehmern im Körper als Leibgedächtnis zur Verfügung. Das, was sich dann in schöpferischen Prozessen entfaltet, hat genau in diesem leiblichen Erinnerungsvermögen, intensiviert durch die Koppelung an die damit verbundenen Gefühle, seine kreativen Quellen. Dabei findet ein Prozeß der Kreativitätsentfaltung statt, der um so angenehmer, ja lustvoller wird, je mehr die vorangegangenen „Bewegungen" in der Phantasiereise mit positiven Gefühlen erfahren wurden. Die Teilnehmer fühlen sich ermuntert, die eigene Bewegungsvielfalt schöpferisch zu erforschen und auszukosten. Was Schuster über die Arbeit mit Malen und Zeichnen berichtet, ist in der Expression durch Bewegung und Tanz ebenfalls zu beobachten:

> „Bilder, die aus den Quellen der Bildgestaltung der Seele gespeist werden, sind also im allgemeinen expressiver und oft kreativer als die üblichen Gestaltungen des Zeichners" (*Schuster* 1986, 174).

Die Kreativität als ein „modellübergreifendes Kriterium für Gesundheit" (*Peter-Bolaender* in *Willke* 1991,467) scheint durch dieses Forschen in die eigene Bewegungsvielfalt hinein, aufgrund der Erfahrungen in einem sensibilisierten Zustand, in ihrer Ausdrucksweise erleichtert zu werden.

> „Kreative Fähigkeiten offenbaren sich in „Produkten und Handlungen", aber der kreative Prozeß kommt bereits durch die kreative Wahrnehmung in Gang" (*Peter-Bolander* in *Willke* 1991, 468).

Schon das Bewegungsvisualisieren ist ein kreativer Vorgang, der zur Gesundung der Seele beiträgt.

> „Die Selbsterfahrung ist eng verbunden mit dem Versuch, sich als Individuum durch seine Kreativität zu finden. Die Entfaltung von Kreativität ist nicht nur Teil der individuellen Sinnfindung, sondern gehört zum Lebendigsein, zur Auseinandersetzung mit der inneren und äußeren Realität. Wenn sich der Mensch kreativ entfalten kann, wird seine Persönlichkeitsentwicklung positiv beeinflußt" (*Peter-Bolaender* in *Willke* 1991, 467).

Kreativität ist im Alltag oft die Grundlage für Selbstheilung, indem Veränderungen versucht werden. Eine neue, bis dahin noch nicht versuchte Verhaltensweise, bietet möglicherweise mehr sozialen und damit oft lebenserhaltenden Erfolg. Damit ist eine individuelle Kreativität gemeint, die im Gegensatz zur gesellschaftlichen Kreativität nicht zur neuen Erfindung oder Entdeckung führen muß, sondern ausschließlich relativ zur eigenen Vorgeschichte neue Verhaltensweisen hervorbringt. Diese relative Kreativität, die sich schon in der Auswahl von seltenen und für das eigenen Leben ungewöhnlichen Aktivitäten manifestieren kann, wird durch gestalterische Tätigkeiten angeregt. Der Mut, nicht nur in der Phantasie und in dem anschließenden Bewegungs- und Tanzausdruck kreativ, also für sich selbst „neu" zu sein, sondern auch im Leben kreativ zu werden, wird gestärkt.

Das zeigt sich besonders darin, daß manchmal im Verlauf von nur einigen Wochen (bei wöchentlicher Teilnahme), eine Erweiterung des Bewegungspotentials, eine Entdeckung der eigenen Bewegungsvielfalt beobachtet und erlebt werden, was auf eine entsprechende Gefühlsbereicherung schließen läßt. Das Wahrnehmen von möglichst vielen Gefühlsfacetten erweitert das Bewußtsein für das ganze Spektrum, das den Menschen ausmacht.

> „Diese Bewußtseinserweiterung beruht darauf, daß sich der Tanzende Inhalten seiner inneren (Gefühls-)Welt, seines Nachtbewußtseins, seines Unbewußten gewahr wird und diese Selbsterfahrungen kritischer Reflexion als Selbsterkenntnisse in sein Bewußtsein integriert. Diese Aspekte des sich kör-

perlich-sinnlichen Erfahrens, Erlebens, Mitteilens und Erkennens fördern das Persönlichkeitswachstum in Hinblick auf die ganzheitliche Entfaltung von Potentialen" (*Peter-Bolaender* in *Willke* 1991, 483).

Mitunter ist es den Teilnehmern nicht immer möglich, das Gesehene und Gefühlte auch in der Bewegung sicht- und fühlbar zu machen, vor allem dann, wenn die Phantasiereise eigene, den „Pfad" der Anleitung abweichende Wege gegangen ist. In diesen Fällen ermöglicht oft die Einladung, die Qualität der in der „Reise" gemachten Erlebnisse und Gefühle in Bewegung und Tanz umzusetzen, eine intensive Erfahrung, die im anschließenden Gespräch noch in bezug auf die aktuellen Lebensfragen untersucht werden kann. Dabei kann es zu Vorgängen kommen, die denen ähnlich sind, die unter „Aktiver Imagination" in der Tanztherapie verstanden werden:

„Im Prozeß der aktiven Imagination können unbewußte Inhalte (Körpersensationen, Bilder, Emotionen) aufsteigen und sich entfalten. Im Tanz nimmt der Imaginierende innere Impulse (Körperempfindungen) oder bildhafte Impulse (aus Erinnerungen, Träumen und Phantasien) wahr und verkörpert die in bewußt nicht kontrollierter Körpersprache" (*Peter-Bolaender* in *Willke* 1991, 470f.).

Die inneren Bilder manifestieren sich in der Bewegung, werden den Teilnehmern dadurch begreif- und handhabbarer. In diesen Fällen, wie auch in den oben beschriebenen Umsetzungen der gemachten Bewegungserfahrungen innerhalb der Phantasiereisen gilt:

„Einblicke der Einsicht, hervorgebracht durch die Aktive Imagination, haben eine natürliche Auswirkung auf das alltägliche Leben. Sie eröffnen eine Richtung und zeigen eine Entwicklung, indem sie Unterstützung und Ermutigung bieten für das, was durchlebt werden muß und dadurch die Energien bereitstellen für den nächsten Schritt. Der Gebrauch der Imagination ist im Bereich Bewegung besonders wertvoll. Alles, was ich mir ausdenken kann, um Menschen den Zugang zu ihren eigenen Phantasien und Bildern zu ermöglichen, ja auch die Darstellung ihrer Träume in der Bewegung, liefert ihnen grundlegenden Material, um sich selber zu verstehen" (*Whitehouse* in *Willke* 1991, 149).

Für die von *Whitehouse* benannte „Unterstützung und Ermutigung" kann der Ausdruck von gemachten Erfahrungen besonders in Fällen von quälenden Vorstellungen erleichternd sein, da sie so einer Auseinandersetzung direkter zugänglich werden. Derart belebt, können Bildvorstellungen durch das körperliche Begreifen besser angenommen werden, denn Imaginationen können einerseits wie Träume bearbeitet werden, sie wirken anderseits jedoch auch ohne Deutung, dadurch daß sie möglichst lebendig erlebt und wahrgenommen werden (vgl. *Kast* 1989, 87).

Amman beschreibt im Umgang mit Imaginationen die Kriterien von Gestaltung einerseits und Verstehen andererseits (vgl. *Amman* 1986), zwei Schritte, die auch C.G. *Jung* von einander trennt. Der Ausdrucksmoment ist zwar wesentlich, bedarf dann jedoch einer Hilfe zur Integration. Durch das körperliche Erleben als künstlerische Gestaltung kann das „Verleiben" eine Verstehenshilfe sein. Wie beim künstlerischen Gestalten durch Farben u.a. kommt es dabei in der Hauptsache nicht auf das „Kunstwerk" als Produkt an, denn die

> „kompensatorische Funktion besteht nicht in der Anerkennung, die durch das Kunstwerk bzw. die Gestaltung erlangt werden kann. Durch die Gestaltung können darüber hinaus eigene Mängel des Körperbildes oder andere empfundene Minderwertigkeiten in der Phantasie ausgeglichen werden. Insofern gewinnt die bildnerische (und tänzerische und motorische, Anm. d. Autors) Gestaltung eine reparative Funktion, ohne daß dabei die Anerkennung durch ein Publikum notwendig wird." (*Schuster* 1986, 35).

Im folgenden Abschnitt soll das Gespräch innerhalb der Gruppe als ein wichtiger Teil zur Integration näher beschrieben werden.

2.5   Das Gespräch in der Gruppe

> *„Das Bild weiß, und man braucht dem Bild nur „zuzuhören". Kurz, es gibt nur eine einzige Regel bei der Bildinterpretation: zu wissen, daß man nicht weiß"* (*Furth* 1991, 69).

Im Gespräch, das den Bewegungen und dem Tanz folgt, lade ich die Teilnehmer zuerst ein, über ihre Erfahrungen zu berichten. Dabei ist es hilfreich, darauf aufmerksam zu machen, daß das Erlebte oft sich der verbalen Ausdrucksform entziehen kann oder eine für die Teilnehmer noch unbefriedigende Form findet. Außerdem ist eine Konzentration auf die wesentlichsten Momente vorteilhaft, damit möglichst allen genügend Zeitraum für ihrem Beitrag bleibt. Daß diejenigen, die nicht erzählen wollen, nicht dazu genötigt werden, ist mir besonders wichtig.

Die Bilder, die beschrieben werden, sind mir in all ihren vielleicht utopisch und surrealistisch erscheinenden Formen ein ernstzunehmendes Angebot der Teilnehmer. Es ist auch eine Einladung an mich, mit ihnen gemeinsam, die Vielfalt ihres Unbewußten zu betrachten. Darin bin fremder, als die Teilnehmer Fremde in ihrer eigenen Innenwelt sind. Das Bild- und Bewegungserleben kann als Anlaß genommen werden, um über persönliche Erlebnisse und deren Bedeutung zu berichten. Dabei ist es sehr wichtig, daß zu ihren eigenen Imaginationen die Teilnehmer eingeladen werden Ideen, Einfälle und Assoziationen zu äußern, um eine Verknüpfung mit Lebensfragen deutlicher werden zu lassen und durch sie auch die Möglichkeiten von Zukunftsperspektiven zu erfragen. Entscheidend ist in diesem Zusammenhang, daß ich mich nicht auf ein bestimmtes Urteil festlege, sondern den Einfällen des Teilnehmers folge und ihn anrege, diese zu entwickeln und auszudrükken, mögen sie noch so diffus, geheimnisvoll und vieldeutig sein. Es gilt, zu kreativen Wegen, im Sinne einer Selbsterforschung, der Problembewältigung zu motivieren. Dabei kann das Durchleben vergangener Konfliktsituationen Selbstheilungskräfte in Gang bringen, bei deren Begleitung die Prinzipien der Gesprächsführung nach Carl *Rogers* wie Empathie, Kongruenz und Akzeptanz der Exploration der Gefühlswelt der Teilnehmer dienen. Die Bilder, die die Teilnehmer in Bewegung bringen, sind immer von aktuellen Fragen und Fakten geleitet und haben sehr oft eine Erlebnistiefe, die in ihrer Emotionalität einen sensiblen Umgang erfordern. Gerade jedoch in ihrem Aktualitätsbezug liegt die Chance, bislang ungelösten Fragen eine perspektivgebende Richtung zu geben. Rasche Deutungen können dabei jedoch mitunter blockierend für das Vorwärtsgehen sein.

> „Bilder zu schaffen ist wie das Weben von Träumen eine sehr persönliche Erfahrung. Ich verweise lieber auf Verkehrsschilder, als daß ich einen Regelkatalog empfehle. Ich halte es für wichtiger, flexibel zu sein und sich in die Einzigartigkeit jedes Patienten und des Weges, den er geht, einzustimmen" (*Schuster* 1986, 170).

Wenn ich Deutungen von mir behutsam anbiete, so nur in einem bekannten Wissen der Geschichte bzw. Lebenssituation der einzelnen TeilnehmerInnen, denn

> „Deutungen, die dem Klienten auf dem Weg zur Einsicht weiterhelfen, erfordern die Kenntnis der psychoanalytischen Theorie und auch praktische Erfahrung. Ein Teil des Mißtrauens, das der psychoanalytischen Theorie entgegengebracht wird, resultiert aus vorschnellen Deutungen nach relativ starren Mustern" (*Schuster* 1986, 28).

Häufiger teile ich den Teilnehmern meine Beobachtungen mit, die ich während ihrer Bewegungs- und Tanzphase gemacht habe. Oft verhelfen meine Beschreibungen ihres Bewegungsverhaltens zu einer Erweiterung ihrer eigenen Wahrnehmungen, manchmal dienen sie dazu, überhaupt ein Bild des eigenen Bewegungsausdrucks aufzubauen. Außerdem kann das Heranziehen der Bewegungselemente einem vertieften Verständnis der Imagination dienlich sein, besonders dann, wenn über die emotionalen Anteile beim Bewegen und Tanz gesprochen wird.

3. Der Raum und die Umgebung

Aus meiner Erfahrung mit den unterschiedlichsten Raumbedingungen weiß ich, wie schwierig es ist, einen für diese Arbeit geeigneten Raum zu finden. Er sollte im Idealfall ruhig, d.h. wenn möglich ohne störende Geräuschkulisse, wie vorbeifahrende Autos, klingelnde Telefone, kein Kinderspielplatz in unmittelbarer Umgebung oder Musik sein. Außerdem muß es für die der Phantasiereise folgenden Bewegungsentfaltung ein genügend großer Raum sein. Die Größe des Raumes ist oft ein Faktor dafür, in wie weit sich die Teilnehmer ermutigt fühlen, sich ihren Bewegungsimpulsen anzuvertrauen. Wenn sie sich bei der geringsten Bewegung behindert fühlen, sei es durch die Enge des Raumes oder durch eine zu große Dichte von Teilnehmern in einem kleinen Raum, so werden ihre Bewegungen wahrscheinlich eher verhalten bleiben. Dadurch kann möglicherweise dem inneren Impuls nach Bewegungserprobung und dem Nachempfinden der Phantasiereise nicht nachgegangen werden; der Ausdruck in Bewegung und Tanz bleibt empfindlich eingeschränkt. Außerdem ist es von Vorteil, wenn der Boden des Raumes mit einem Teppichboden ausgelegt ist.

Da diese Bedingungen nicht immer und überall vorzufinden sind, möchte ich jedoch dazu ermutigen, sich trotzdem nicht von der Arbeit mit Phantasiereisen abschrecken zu lassen. Es gilt dann, die jeweils vorgefundenen Umstände mit in das Phantasiegeschehen miteinzubeziehen. Geräusche, Räumlichkeiten und sonstige Störfaktoren werden dann Teil der Konzentration und damit des Erlebens. Zumeist läßt sich durch „Integration" der Bedingungen recht gut weiterarbeiten, denn es sind Lebensbedingungen. Mit „Integration" meine ich das Miteinbeziehen der eventuellen Störfaktoren z.B. in den Entspannungstext hinein:

Es kann sein, daß Du ab und zu das Geräusch eines

vorbeifahrenden Autos hören kannst –

nimm sie zuerst wahr –

und laß sie dann weiterziehen –

laß sich davon nicht weiter stören –

Deine Ruhe geht Dir dadurch nicht verloren –

Oder:

Selbst wenn Du einmal das Klingeln eines Telefons in der

Ferne vernehmen kannst –

das stört wohl, doch laß es unwichtig werden –
das Geräusch kommt und geht –

Oft ist es ratsam auch mögliche innere Störfaktoren miteinzufügen wie: durch die Entspannung vorkommendes Zucken von Muskeln, Blinzeln der Augenlider, eventuelles Kichern anderer (gerade bei jüngeren Teilnehmern).

Außerdem ist es hilfreich, wenn der Raum etwas abgedunkelt werden kann; das erleichtert die Entspannung gerade für die Augen und auch die Bewegungsphase kann dadurch günstig beeinflußt werden. Besonders dann, wenn die Gruppenmitglieder sich noch nicht besonders gut kennen, ist es hilfreich, wenn kleine dunklere Ecken und Bereiche des Raumes vorhanden sind, um sich dort zu „verstecken". In so einem fast unbeobachteten Raum, erlaubt sich so mancher das Ausprobieren von bislang noch ungewohnten Bewegungselementen.

Besonders wenn der Boden nicht mit Teppichboden ausgelegt ist, sind Matten oder Decken zum Liegen angebracht, denn in der Entspannung kommt es durch die Relaxion der Muskeln zu einem intensiveren Bodenkontakt, der ohne Unterlage schmerzhaft sein kann. Eine Decke zum Zudecken ist ratsam, da durch die Entspannung die Körpertemperatur etwas sinkt und so ein leichtes Frieren die Phantasiereise auf ungewollte Wege, wenn nicht sogar zum Abbruch bringt.

4. Die Musik während den Phantasiereisen

Wie in 2.2 beschrieben, gehört ein wichtiger Teil der Phantasiereise der freien Imagination zu Musik. Dabei ist mir bewußt, wie wichtig gerade das Medium Musik für die menschliche Psyche ist. Deshalb möchte ich an dieser Stelle einige Ausführungen zur Fragestellung des Wirkung von Musik machen und stütze mich dabei zuerst einmal insbesondere auf das Buch von Hans-Helmut *Decker-Voigt*: Aus der Seele gespielt.

Decker-Voigt beschreibt das Ohr als „das Tor zur Welt" und zeigt auf, daß die Verarbeitung musikalischer und allgemein akustischer Reize hirnphysiologisch die intensivste Tätigkeit im Vergleich zum Umsetzen der anderen Reize, welche auf die Sensorien treffen (Geruchs- oder Berührungssinn) ist. Phylogenetisch betrachtet, „berührt" Musik unvergleichlich früher als jeder andere Reiz und läßt das Ohr dadurch auch im Schlafzustand ein „Warnsinn" sein. Dabei ist das Ohr der Kanal, und unsere Hörzellen sind die Empfänger, bei weitem die empfindlichsten, die wir haben. Das Ohr ist als ein quasi „vorgeschobener Wachposten" für akustisch-musikalische Reize anzusehen. Hören hat eine vergleichsweise stärkere Wirkung auf unseren „emotionalen Haushalt" als das Sehen (vgl. *Decker-Voigt* 1991, 41f.), da „akustisch-musikalische Reize länger wirken und...weniger rasch abflachen als zum Beispiel optische und Berührungsreize" (*Decker-Voigt* 1991, 47). Durch das Hören - (und die damit ausgelösten Gefühle) – wird dem Menschen über das Ohr lebensnotwendige Energie zugeführt (Vgl. *Decker-Voigt* 1991, 48).

Daß nun Musik nicht gleiche Wirkung zeigt bei allen Menschen, hat in der ganz persönlichen psychisch-emotionalen Besetzung der Musik ihren Grund. Jeder Mensch hat sich in seinem Leben seine eigene Musikgeschichte durch Erlebnisse geschaffen und lebt mit ihr.

> „Um neue Musik (bislang nicht bekannte, Anm. d. Autors) als „aus der Seele gespielt" empfinden zu können, muß sie in uns sehr Vertrautes, im „Unbewußten unserer Seele" Bekanntes angerührt haben" (*Decker-Voigt* 1991, 233).

Damit kann Musik auch eine symbolische Kraft enthalten, die über sie hinausweist und eine bestimmte Bedeutungen für den Hörer erfährt (vgl. *Decker-Voigt* 1991, 256). In der „Rezeptiven Musiktherapie" – und der Einsatz von Musik in der Arbeit mit Phantasiereisen kommt durch das „Aufnehmen" besondere Bedeutung zu – ist Musik eine „Wegbereiterin" in dem Sinne, als sie für den Hörenden immer Richtungen des Fühlens, Denkens und Erinnerns anbietet, denn Musikhören ist

- Situations – d.h. Zeit und Ort/Raumerinnerung
- Personenerinnerung (vgl. *Decker-Voigt* 1991, 136 ff)

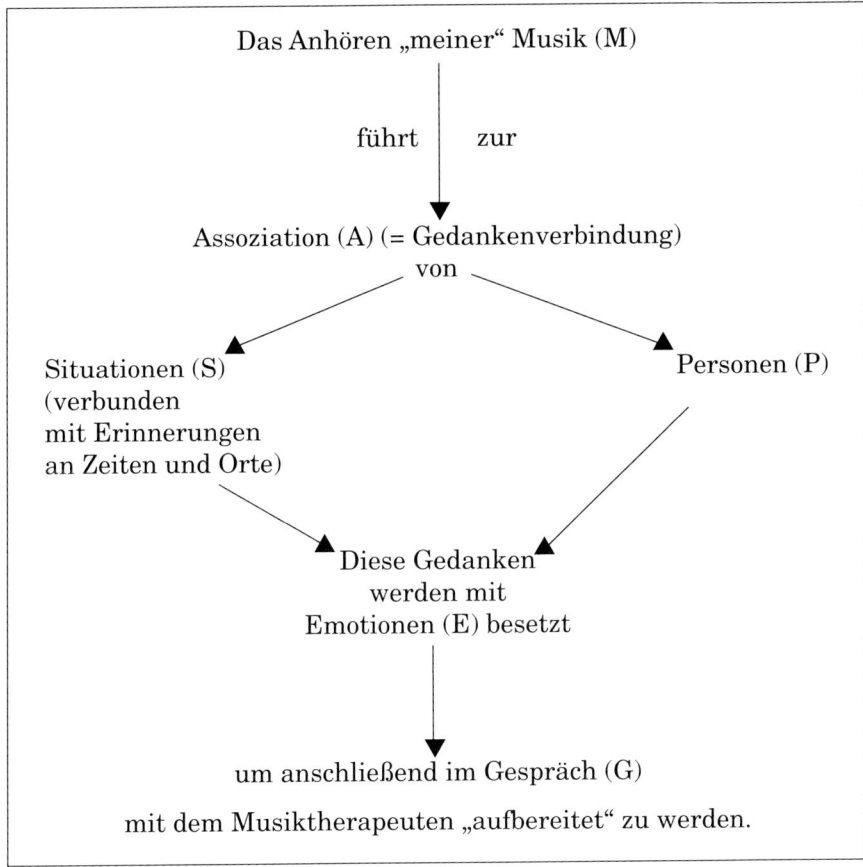

Tabelle 1: nach *Decker-Voigt* (1991)

Anfügen möchte ich hier einen weiteren Aspekt. Musikhören kann neben den Erinnerungen an Zeiten, Orten/Räumen und Personen auch
Erfahrungen an Bewegungen in das Bewußtsein – in das körperliche
Bewußtsein – wachrufen. Bewegungen und Tanzerfahrungen, die zu
einer bestimmten Musik gemacht wurden, sind aus einem „Bewegungs-
speicher" abrufbar. Sie erhalten durch die dabei gemachten emotionalen Erfahrungen eine psychische Dimension, die durch die entsprechende Musik einer Reaktivierung zugänglich gemacht werden kann.

41

Und da unser Leben ein Lernen durch Bewegungen ist, und Musik und Geräusche, in welcher Form auch immer, in unserer heutigen Zeit fast überall gegenwärtig sind, läßt sich nur erahnen, welcher „Erfahrungsschatz" für uns zur Verfügung steht.

Neben der emotionalen Reaktion, verstärkt durch das spezifische subjektive Erleben, ist durch Musikhören auch eine vegetative Reaktion zu beobachten,

> „die zu besonders reichem Assoziationsmaterial führt und damit Erinnerungen an stark besetzte Erlebnisse der Vergangenheit initiiert" (*Decker-Voigt* 1991, 83).

Decker-Voigt erläutert ausführlich die Unterschiede zwischen Ergotroper Musik und Trophotroper Musik. Während erstere ausgezeichnet sind durch:

* rigidere Rhythmen/beschleunigend
* Dissonanzen
* größere Dynamik (Dezibel)
* stark akzentuierte Rhythmik
* starker Auftrieb und abrupter Abfall der Tonlinie, die innerhalb weiterer Höhenspannen verläuft
* Stakkato-Charakter
* erhöhte harmonische Aktivität
* Betonung der Dissonanzen

sind bei Trophotroper Musik eher zu finden:

* schwebende, nicht akzentuierte Rhythmen
* Moll-Tonarten
* Konsonanzen
* geringe Dynamik (Dezibel)
* Vorherrschen von Legato
* sanftes Fließen der Melodie
* harmonische Bewegungen

Damit wirkt die ergotrope Musik stimulierend, aktivierend – die trophotrope Musik eher beruhigend und entspannend (vgl. *Decker-Voigt* 1991, 74f), da eine Stimulierung des parasympatischen bzw. sympathischen Teils des Vegetativums erfolgt. Decker-Voigt spricht davon, daß trophotrope Musik im Gegensatz zu ergotroper Musik den Menschen „ernährt", ihn „auftankt" und ihn nicht wie ergotrope Musik nach außen steuern läßt, ihn sich nicht verausgaben läßt, bis er außer sich ist. Ist ergotrope Musik dazu fähig unseren Gehirnstrom am Fließen zu halten, das Gehirn mit frischer Energie zu versorgen, so kann tropho-trope Musik den Menschen regenerieren, Verausgabtes neu aufnehmen (vgl. *Decker-Voigt* 1991, 71)

> „Doch alle vegetativ wirkenden musikalischen Ergotropien beziehungsweise Trophotropien und ihre „normalen" psychisch-emotionalen Besetzungen ...können durch die Einstellung des Menschen zu einem völlig gegenteiligen Reaktionsverhalten führen" (*Decker-Voigt* 1991, 84).

Zwar wirkt Musik auf das nicht steuerbare Vegetativum, jedoch ist keine vorausberechenbare Reaktion zu erwarten, da der Mensch zu einer persönlichen-emotionalen Besetzung der Musik in der Lage ist (vgl. *Decker-Voigt* 1991, 87f). So verwirrend diese Erläuterungen von *Decker-Voigt* zu der Wirkungsweise von Musik auch sein können, gera-de wenn letztendlich jeder Mensch die Musik ganz individuell besetzen kann, so veranschaulichen diese Ausführungen zumindest doch auch, welche Bedeutung ein achtsamer Umgang mit der einzusetzenden Mu-sik innerhalb der Phantasiereisen beizumessen ist. Und das besonders auch deshalb, weil durch Musik die rechte Hemisphäre, also die ge-fühlsbetonte Seite unseres Gehirns, angesprochen wird (vgl. *Decker-Voigt* 1991, 227). Leuner setzt in seiner Arbeit des Katathymen Bilder-lebens ebenfalls Musik ein und hat in der Anwendung von Musik, gera-de in einem entspannten, die rechte Gehirnhälfte ansprechenden Zu-stand, Erfolge zu verzeichnen (vgl. *v. Hamel* 1986, 173). Auch in der Hypnose bzw. in der Arbeit mit hypnotischen Zuständen führt Musik zu Ergebnissen, die für den Einsatz von Musik in Phantasiereisen be-merkenswert sind:

> „Interessant sind Beobachtungen, ob sich das hypnotische Traumerlebnis im Moment des Musikeinsatzes verändert hat. Man stellte fest, daß Hypnotisier-ten im Ablauf der Hypnose vor der Einblendung der Musik eher negative Erlebnisse hatten, während nach dem Einsetzen von Musik diese düsteren Bilder von glücklicheren inneren Traumbildern abgelöst worden seien. Dabei spielt natürlich die Wahl der Musik eine Rolle" (*v. Hamel* 1986, 174).

In der Auswahl der Musikstücke für den zweiten, frei zu imaginieren-den Teil der Phantasiereisen bedarf es also eines Fingerspitzengefühls für Situationen, Gefühlsmomenten, Orten und Stimmungen. Insofern sind die von mir ausgesuchten und erprobten und mit den Phantasie-reisen in Abschnitt 6. angebotenen Musikvorschläge aus dem Versuch des Einfühlens in die verschiedenen Reisen einerseits, und in dem Wis-sen um die „Unberechenbarkeit" von emotionalen Reaktionen anderer-seits zu verstehen. Die/der LeserIn wird eventuell andere Vorschläge für die Phantasiereisen haben, je nach persönlichen Geschmack, Ein-fühlungsvermögen und Erfahrung.

In der Arbeit hat sich gezeigt, daß die Musik oft genau passend für die „Reisenden" zu sein scheint, bzw. sie nehmen das Angebot an und besetzen es emotional positiv; manchmal jedoch wird die Musik ein „Stein des Anstoßes", der dann wiederum zu einer positiven Auseinandersetzung führen kann, weil negative Besetzungen und entsprechende Bilder dazu deutlich werden können (s. rezeptive Musiktherapie). Wie die Texte der Phantasiereisen selbst, so ist die Musik immer nur ein Faden, um den herum sich die Teilnehmer ihren Weg, ihre Bilderwelt erstellen können – jedoch nicht müssen.

5. Die Symbolik in den Phantasiereisen

Viele der folgenden Phantasiereisen laden die Teilnehmer ein, sich in etwas zu verwandeln, welches dann als Symbol für etwas der jeweiligen Person Bedeutsames stehen oder werden kann. Außerdem kann Bewegung und Tanz als symbolische Handlung verstanden werden (vgl. *Laban* 1988, 94). Deshalb möchte ich hier einige Gedanken zu Symbolen bzw. Symbolik anführen, und beziehe mich in meinen Ausführungen auf Aussagen von Autoren, die die Analytische Psychologie, also C.G. *Jung*, als ihren Hintergrund verstehen, der mit seinen Forschungen über die Symbolik wegweisendes geschaffen hat.

Verena Kast macht in ihrem Buch „Die Dynamik der Symbole" deutlich, daß der Unterschied zwischen einem Zeichen und einem Symbol, nämlich der Bedeutungsüberschuß der einem Symbol innewohnt und damit in seiner Bedeutung nie ganz erschöpft werden kann, für die Entwicklung des Menschen dienlich sein kann (vgl. *Kast* 1990, 20). In einem Symbol vereinigen sich bewußte und unbewußte Inhalte (vgl. *Kast* 1990, 9); durch dessen Sichtbarmachung wird die schöpferische Entwicklung des Menschen ans Bewußtsein herangetragen (vgl. *Kast* 1990, 7). Das ein Symbol ausmachende „Zusammenfügen" von zwei Hälften, meint das Erspüren dessen was „dahinter" verborgen ist. Es ist dieser kreative Prozeß, der im Einlassen auf den Symbolgehalt die schöpferische Entwicklung der Persönlichkeit fördert. In der Arbeit mit Phantasiereisen geht es häufig genau auf dieses Einlassen, auf einen dem Symbol innewohnenden Überschuß, der die Teilnehmer in seinem Gehalt anspricht. Etwas, was bislang so nicht in Worte zu fassen war, bewegt innerlich und bewegt äußerlich.

> „Das Symbol verweist auf etwas so Tiefes und Komplexes, daß das Bewußtsein, beschränkt wie es ist, es nicht sofort als Ganzes erfassen kann. Das Symbol trägt deshalb immer ein Element des Unbekannten und Unerklärbaren in sich, etwas, das mit Worten nicht genauer zu beschreiben und oft von numinöser Qualität ist. Die unübersehbare Tatsache jedoch, daß es Symbole gibt, sagt uns auch, daß wir irgendwo die Bedeutung hinter dem Symbol wissen und fühlen. In dieser Spannung zwischen Wissen und Nichtwissen, zwischen Bewußtsein und Unbewußtem ist ungeheuer viel psychische Energie enthalten" (*Furth* 1986, 37f).

Vielleicht macht gerade diese Spannung, den Reiz des Hineinschlüpfens in eine Gestalt, ein Tier oder Bild u.ä. aus, das die Arbeit mit Imaginationen so faszinierend und vital gestaltet. Dieses lustbetonte So-tun-als-ob (als Rollenspiel im kindlichen Tun noch so vertraut) erfährt denn auch in der Ausdrucksphase in Bewegung und Tanz eine vertiefte Erlebnisdimension. Der erwachsene Mensch, der sich in dieses Erlebnis des in eine Rolle schlüpfens einläßt, stellt meist Bezüge zu den eigenen Lebenszusammenhängen leicht her. Das wird erleichtert durch die Verkörperung und der dadurch „bewegten" Gefühlswelt. Besonders bei der Arbeit mit Tiersymbolen betont Verena *Kast:*

> „Körperlichkeit, Triebhaftigkeit, Instinkt-haftigkeit sind durch Tiersymbole abgebildet, dabei kommt immer auch die Weisheit zum Ausdruck, die in unserem Körper liegt. Imaginationen, in denen Tiere vorkommen, sind oft sehr lebendig, sehr bewegt; sie haben mit unserer Energie, unserer Vitalität zu tun und wirken auch belebend auf unsere Vitalität. Imaginationen mit Tieren beleben uns, sie können aber auch viel Angst auslösen. Es können Konflikte zwischen Tieren in der Imagination erlebt werden oder Konflikte zwischen den Tieren und der imaginierenden Person. Durch diese Tiere können reale Verhinderungen abgebildet werden, wenn man sich aber mit diesen Tieren beschäftigen kann, dann können gerade aus diesen Erlebnissen der Verhinderungen neue Lebensmöglichkeiten werden" (*Kast* 1989, 120).

Die Beschäftigung von der *Kast* spricht, erfährt durch den Ausdruck in Bewegung – und im besonderen Fall des Tieres findet meist auch immer eine Begegnung innerhalb der Gruppe mit anderen Tieren statt – und dem anschließenden Gespräch eine intensive Konkretion.

In der Identifikation mit einer Gestalt, Denkmal, Bild, Blume und vielem anderen mehr (Abschnitt 6.) kommt es zu einem Prozeß, der in der Arbeit mit Träumen als Subjektstufe bezeichnet wird. Im Umgang mit den Inhalten von Träumen kann entweder auf einer objektivierenden Weise verfahren werden, z.B. „Habe ich gestern diese Blume, von der ich geträumt habe, gekauft oder geschenkt bekommen?", oder aber „ich werde zur Blume und erfahre die Qualitäten, die ich ihr zuschreibe, als meine eigenen". In dem zweiten Beispiel ist dann die Blume – Subjektstufe – für mich zu einem Symbol geworden, steht für viel mehr als nur diese Blume. Sie offenbart mir in dem Äußeren etwas Inneres, erschließt mit in dem Körperlichem etwas Geistiges, in dem Besonderem etwas Allgemeines (vgl. *Kast* 1990, 20). Eine solche Identifikation mit einer imaginierten Gestalt

> „nimmt den Gedanken der Subjektstufe radikal ernst...Durch diese Identifikation bekommen diese Gestalten eine große Wirklichkeit für den/die Imaginierende/n. Die Gefahr, nicht mehr zum Ich-Standpunkt zurückzufinden, ist gering: Wenn wir die Augen öffnen, uns zu bewegen beginnen und gähnen, finden wir wieder zurück, können uns aber auch immer noch sehr wirklichkeitsnah erinnern, wie wir uns als spezielles Tier gefühlt haben" (*Kast* 1989, 125f).

Für die Arbeit mit dem körperlichen Ausdruck anschließend an die Phantasiereisen ist besonders bedeutsam, daß gerade durch die Möglichkeit des Verkörperns, durch die Expression die verbundenen Emotionen wahrgenommen und gleichzeitig andererseits die Teilnehmer sich selbst gerade aus der Distanz des „Tierseins" ansehen können. Über ein Symbol kann dabei oft eine Distanz gewahrt bleiben, besonders dann, wenn die Gefühle angesprochen werden. Dadurch können Einstellungen und Emotionen, die beschämend sind, leichter geäußert werden. Letztlich jedoch ist es genau die Bereitschaft, sich emotional ansprechen zu lassen, das den Unterschied zum Zeichen ausmacht (vgl. *Kast* 1990, 26) Das Erleben eines Symbols kann einerseits durch den dadurch entstehenden Energiefluß wirken; anderseits kann eine Erschließung des Symbolgehalts gerade durch das Einbetten des Symbols in die großen Lebenszusammenhänge neue Perspektiven des Erlebens und des Verstehens öffnen (vgl. *Kast* 1989, 87). Der Umgang mit einem Symbol kann helfen Konfliktsituationen zu bewältigen, ohne daß der Konflikt vom Imaginierenden bewußt bearbeitet wurde.

„Die Schwierigkeiten, denen der Imaginierende einer solchen Phantasie begegnet, sind symbolischer Ausdruck für die eigenen psychischen Schwierigkeiten. In dem Maße, in dem er die Imagination meistert, überwindet der die Schwierigkeiten in der eigenen Psyche" (*Amman* 1978, 14).

Damit steht und wirkt das Symbol immer in einer ausgleichenden oder ergänzenden Beziehung zum jeweiligen Bewußtseinszustand der Psyche (vgl. *Furth* 1991, 37)

„Das Symbol erschließt unbewußte psychische Energie und läßt sie zu einem natürlichen Niveau hinfließen, wo ein Umwandlungsprozeß stattfinden kann. Wenn einem Individuum mehr psychische Energie zur Verfügung steht, die auch fließen kann, ist es in einer schwierigen Auseinandersetzung nun in der Lage, unbewußte Elemente ins Bewußtsein heraufzuziehen, sich mit ihnen auseinandersetzen und damit über das Problem hinauszugelangen. Das Problem hat nicht länger das Individuum, sondern statt dessen hat des Individuum das Problem im Griff" (*Furth* 1991, 39).

Mit diesen Ausführungen zur Fragestellung der Symbolik möchte ich jedoch nicht den Eindruck erwecken, als ob ich hinter jeder Visualisierung, hinter jeder Bewegung oder hinter jedem tänzerischen Ausdruck das Symbolhafte vermute oder gar suche und damit der Versuchung des Deutens erliege. Wichtig ist mir dabei vor allem das Schöpferische, das kreative Potential hervorzuheben, das durch die Arbeit in und an Symbolen erweckt werden kann. In jedem Fall heißt es für mich im Umgang mit Symbolen, insbesondere ihrer Deutungen, immer viel Vorsicht und Fingerspitzengefühl walten zu lassen und die positiven Momente für den Einzelnen daraus zu gewinnen, denn

„Das Symbol hat einen Aspekt, der in die Zukunft weist aber es ist in der Regel viel zu hintergründig, als daß es einem linear sagen könnte, was nun gut ist in der Situation" (*Kast* 1990, 25).

Die eigenen Assoziationen der Teilnehmer sind mir dabei immer wichtiger als meine Deutungsideen – meine Vorschläge sind immer Angebote.

B. Beispiele

I. Tänze, Feste, Rituale

1. Eine Ballonfahrt zu einem Sommerfest

spüre die Ruhe und Entspannung um Dich

- hier, um Dich herum ist Ruhe und Du darfst Dich ganz Deiner Entspannung überlassen
- und in dieser Ruhe kannst Du Dich Deinem ganzen Vorstellungsvermögen hingeben
- und so siehst Du Dich aus der Stadt hinausgehen
- die letzten Häuser läßt Du hinter Dir
- und gehst an Feldern vorbei
- wie geht es Dir dort?
- wie sehen die Felder gerade aus?
- Du gehst weiter
- nimm wahr, ob Du jemanden begegnest
- was siehst Du?
- wie ist das Wetter?
- vielleicht spürst Du auch die Sonne auf Deiner Haut?
- oder nimmst wahr, wie Wind mit Deinen Haaren spielt
- Du gehst noch ein Stück Deinen Weg
- und plötzlich endet Dein Weg
- vor Dir befindet sich eine große Wiese
- schau sie Dir an
- was siehst du?
- was empfindest du?
- und dann siehst du, wie vor Dir ein großer Ballon zur Erde niederschwebt
- sanft und sicher setzt der Personenkorb auf den Boden auf
- und es ist wie eine innerer Ruf, Du weißt plötzlich, daß Du einsteigen und ein Stück weit mitfahren möchtest
- und so näherst Du Dich dem Ballon, steigst in den Korb
- fühlst Dich ganz sicher und aufgehoben
- und spürst, wie er schon allmählich den Boden verläßt und behutsam Dich auf eine kleine Reise mitnimmt

50

- schau Dir alles an, was Du von Deinem Korb aus beobachten kannst
- und nimm wahr wie es Dir dabei geht –

Musikeinsatz 1

Nach Musikende:
- und Du spürst, wie der Ballon allmählich seine Fahrt verringert
- und sich dem Boden wieder nähert
- und als Du aus Deinem Korb schaust, um zu sehen, wohin Dich der Ballon wohl gebracht hat, siehst du, wie um Dich herum ein Sommerfest in vollem Gange ist
- Du spürst, daß Du herzlich willkommen bist
- Du steigst aus dem Korb und schon bist Du mitten unter Menschen, die Dich wie selbstverständlich in ihre Gesellschaft mitaufnehmen, so, als seist Du ein langersehnter Gast
- vielleicht bist Du ein wenig überrascht, vielleicht ist Dir das alles aber auch selbstverständlich
- begib Dich hinein in dieses Fest
- vielleicht hast Du Lust, einigen Gästen dieses Festes zu begegnen
- oder was Du nun sonst dort machen möchtest –
- und nun formieren sich alle zu einem Festtanz, zu dem Du natürlich auch eingeladen bist
- Du suchst Dir Deinen Platz
- und bereitest Dich auf den gemeinsamen Tanz vor
- wenn gleich die Musik beginnt, spüre Dich in Deinem Tanz
- nimm Dich dabei wahr, Du kannst Dich später dann an diesen Tanz gut erinnern –

Musikeinsatz 2

Der Tanz ist vorüber
- und so schwer, wie es Dir vielleicht auch fallen mag, es ist Zeit Dich von diesem Fest, von diesen Menschen hier, zu verabschieden
- so kehrst Du nun zu Deinem Ballon zurück
- steigst ein
- und läßt Dich von ihm nach Hause tragen
- zu Hause angekommen, weißt du, was diese Ballonreise für Dich

bedeutet und kannst Dich an sie erinnern, auch an den Tanz und die Begegnungen

- und so bereite Dich darauf vor, hierher in den Raum zurückzukommen, wo der Tanz noch einmal
- vielleicht mit allen anderen hier im Raum lebendig werden kann
- Du wirst spüren, wieweit es Dir möglich sein wird, Deine Tanzerfahrungen aus Deiner Ballonreise mit allen anderen hier im Raum wiederzubeleben
- Wenn gleich die Klangschale ertönt, zähle von 10 bis 0, räkle Dich wohlig und setz Dich auf...

Musik 1: Paul Winter: Sunsinger, Nr. 6 (4:05 Min.). Living Music Records

Musik 2: Giora Feidmann: Die singende Klarinette, Nr. 17 (3:18 Min.). Verlag „Pläne", Dortmund

2. Kreistanz

Genieße den entspannten Zustand, in dem Du Dich im Moment befindest

– alles ist Dir in Deiner Ruhe möglich
– der Zugang zu Deinen Quellen, zu dem, was Dich ausmacht, ist Dir viel leichter
– vielleicht bist Du sogar ein wenig neugierig auf Dich
– vertraue Dich Deinen inneren Bildern an
– vieles ist Dir möglich, was Du bislang vielleicht nicht geglaubt hast
– und so kannst Du Dich nun selbst in ein Land bringen, von dem Du schon lange geträumt hast –

Musikeinsatz 1
Auf die Musik sprechen:
stell Dich nun auf dieses Land ein

– was spricht Dich dort besonders an
– was macht Deine Faszination für dieses Land aus
– welche Gefühle verbindest Du mit diesem Land
– laß Dich zu dieser Musik in Deiner Bilderwelt dieses Landes treiben und nimm wahr, wie es Dir dabei geht – –

Nach Musikende:
Und nun stell Dir einen heiligen Ort in diesem Land vor

– vielleicht in einem Wald oder auf einem Hügel
– es gibt dort eine größere freie Fläche
– an diesem heiligen Ort siehst Du einige Menschen versammelt
– sie haben sich hier zusammengefunden, um ein Tanzritual zu feiern
– Du stehst in einiger Entfernung und beobachtest
– Du siehst, wie sich die Menschen zu einem Kreis zusammenstellen
– sie legen sich gegenseitig die Hände auf die Schultern, links und rechts
– senken ein wenig den Kopf und schauen vor sich auf den Boden
– sie bleiben so einen Moment lang in vollkommener Ruhe stehen –

Musikeinsatz 2

Auf die Musik sprechen:

Als nun die Musik erklingt, beginnen sie ihre Füße zu setzen

- links
- rechts
- links
- rechts
- und so weiter
- dabei bewegt sich der Kreis nach links herum
- links macht einen Schritt zur linken Seite, und der rechte Fuß wird neben den linken abgestellt, dann wieder links zur linken Seite und der rechte folgt
- und so bewegt sich der Kreis immer weiter nach links herum
- links
- rechts
- links
- rechts
- wie ein niemals aus der Bewegung kommendes Rad
- schwingend und doch in einer Ruhe
- ein Kreistanz als Symbol des Lebens
- Du Schaust Dir diesen Tanz eine Weile an
- schließlich wirst Du eingeladen, in den Kreis zu kommen, mitzutanzen
- Du nimmst die Einladung an und begibst Dich hinein in diesen Tanz
- überlaß Dich der Musik und den Schritten
- fühl Dich aufgenommen in das Ritual
- sei Teil des Kreises
- nimm wahr, wie es Dir dabei geht – –

Nach Musikende:

Der Tanz ist zu Ende

- die Menschen entfernen sich immer mehr aus Deinen Blick
- sie sind und bleiben, genau wie Du, ein Teil des sich drehenden Rades des Lebens

– schließlich sind sie ganz aus Deinem Blick verschwunden

– die Erinnerung und Deine Gefühle während des Tanzens bleiben Dir jedoch erhalten

– bereite Dich darauf vor, gleich hierher in den Raum zurückzukommen, wo Du die Gelegenheit haben wirst, diesen Tanz, wenn möglich mit all den anderen hier, noch einmal zu erleben

– wenn gleich die Klangschale ertönt, zähle von 10 bis 0, räkle Dich wohlig und setz Dich auf...

Musik 1: Konya – Dervish Symphony; Seite 2, A (ca. 6-7 Minuten)

Musik 2: Konya – Dervish Symphony; Seite 2, B (bis zur ersten Unterbrechung)

Beides: Aquamarin Verlag, Voglherd 1; 85567 Grafing

3. Heilungstanz (Brunnen)

Fühle Dich in Deiner Entspannung

- in dieser Ruhe ist Dir vieles möglich, von dem Du vielleicht schon lange geträumt hast
- Stell Dir vor, wie Du Dein Haus verläßt
- schließ die Haustür und entferne Dich ein Stück weit davon
- Du weißt, daß heute ein besonderer Tag sein wird
- obwohl Du nicht weißt warum, hast Du eine gewisse Ahnung, daß heute etwas geschehen wird, was diesen Tag besonders sein läßt
- grübele nicht weiter darüber nach, sondern versuche dieses besondere Gefühl zu genießen.
- gehe ein wenig Deinen Weg weiter
- beobachte, wo Du lang gehst, ohne genau zu wissen, warum Du dort entlang gehst
- nimm wahr, was für ein Wetter Deinen Weg begleitet

- vielleicht triffst Du im Vorübergehen jemand Bekanntes
- schließlich biegst Du in eine Straße ein, in der Du noch niemals warst – alles ist plötzlich neu für Dich
- Häuser, die Du nicht kennst
- Farben, die Du vielleicht noch nie auf einer Straße gesehen hast
- selbst die Gerüche sind hier anders
- die Straße endet schließlich und Du gelangst auf einen Platz, der mit schönen Bäumen umwachsen ist
- es ist Dir angenehm hier zu sein
- Du fühlst Dich hier geborgen
- Mitten auf dem Platz siehst Du nun einen Brunnen, wie Du ihn ansonsten nur aus den Märchen kennst
- und Du fühlst Dich wie magisch angezogen von diesem Brunnen
- so als ob Du weißt, daß es gerade eben dieser Brunnen ist, den Du Dir schon immer erträumt hast
- nähere Dich diesem Brunnen
- berühre ihn
- schaue hinein
- Du siehst das Wasser des Brunnens in einiger Tiefe
- und dann spürst Du, daß Du das größte Verlangen hast, in diesen Brunnen hinabzusteigen, keine Angst, die Dich zurückhält
- Du weißt, daß Dir nichts passieren wird
- und so suchst Du die Möglichkeit in den Brunnen zu steigen, die sich Dir ergibt
- nimm wahr, wie Du das tust
- alles ist wie selbstverständlich
- langsam näherst Du Dich der Wasseroberfläche
- und als Du langsam in das Wasser eintauchst, bist Du Dir sicher, daß Du überhaupt keine Befürchtungen zu haben brauchst
- plötzlich im Wasser ist alles ganz anders
- Du spürst eine beginnende bedeutsame Veränderung –

Musikeinsatz

Auf die Musik sprechen:

- Und als jetzt auch noch Musik erklingt, hält Dich nichts mehr zurück, Dich dieser Musik ganz hinzugeben

- sie berührt Dich
- ergreift Dich
- erfüllt Dich
- Du kannst Dich dieser Musik mit Deinen Bewegungen überlassen
- Du beginnst einen Tanz voll Schönheit und Dynamik, wie Du ihn vielleicht bei Dir bis dahin noch nicht kanntest
- immer deutlicher werden Deine Bewegungen
- es ist Dein Tanz
- vielleicht ein ritueller Tanz
- ein Tanz der Reinigung
- ein Tanz der Heilung
- und während Dein Tanz immer intensiver wird, weißt Du, von was Dich dieser Tanz reinigt
- Du spürst von was er Dich heilt
- überlasse Dich nun vollends Deinem Tanz
- Deiner Heilung, die gleichzeitig auch eine Heiligung ist – –

Nach Musikende:
Der Tanz ist zuende
- nimm wahr, wie Du Dich nun fühlst
- entsteige jetzt dem Brunnen –
- und entferne Dich von dem Brunnen
- Du kehrst zurück in Dein Haus
- und weißt, daß dieses Erlebnis ein besonderes in Deinem Leben bleibt – bereite Dich nun darauf vor, gleich hierher in den Raum zurückzukommen
- Du hast dann die Möglichkeit diesen Tanz gleich hier noch einmal leibhaftig zu tanzen, zu erleben
- Deinen Tanz der Heilung für Dich noch einmal lebendig werden zu lassen
- wenn gleich die Klangschale, dann zähle von 10 bis 0, räkele wohlig und setz Dich auf...

Musik: Deuter: SAN, Nr. 7 (5:50 Min.). Nightingale Records

4. Trommeltanz

Du bist in diesem entspannten Zustand eingeladen, an einem Fest, an einem Tanz teilzunehmen.

– Der Weg dorthin führt Dich durch einen Wald

– Der Wald, durch den Du gehst, ist dicht und läßt unendlich viel verschiedene saftige Grüntöne erkennen. Die Bäume stehen eng zusammen

– lassen Dir jedoch einen gut gehbaren Weg

– das Laub der Bäume überschattet Deinen Weg

– wie durch einen Tunnel bewegst Du Dich durch diesen Wald

– es ist warm – angenehm warm

– Du folgst diesem Weg

– und näherst Dich einer Lichtung, die fast kreisrund von hohen Bäumen umsäumt ist

– in der Mitte lodert ein großes Feuer

– Dieser Ort hat etwas Vertrautes für Dich

– Du fühlst Dich hier geborgen, fast zu Hause

– vielleicht genießt Du den Schutz, den dieser Ort Dir bietet

– spüre auch den weichen Waldboden unter Deinen Füßen

– spüre, wie er Dich trägt und Dir bei jedem Schritt einen elastischen und sicheren Grund bietet

– und nun schau Dich um

– was ist besonders an diesem Platz?

– wie hell ist es?

– kannst Du etwas riechen?

– etwas hören?

– und dann bemerkst du, daß Du nicht allein bist, daß noch andere hierher gekommen sind

– sie sind Dir fast vertraut, obwohl Du die eine oder den anderen noch gar nicht gut kennst

– doch allen ist anzusehen, daß sie sich hier wohl fühlen

– vielleicht bemerkst Du nun auch, daß an einer Stelle am Rand der Lichtung einige Musikanten sitzen

- Du hast sie bis jetzt noch gar nicht entdeckt
- vor ihnen verschiedene Trommeln und Schlaginstrumente
- und nun beginnt auch einer der Musikanten mit dem Schlagen der Trommel.

Musikeinsatz 1

Auf die Musik sprechen:

- vielleicht spürst Du, wie Dich dieser Immer wiederkehrende Schlag anspricht
- Dich anlockt
- und Du dieses dum dum dum dum schon in Deinem Körper spürst
- dum dum dum dum dum
- laß Dich auf diesen Trommelschlag ein
- vielleicht fühlst, wie Du erste Tanzschritte versuchen möchtest
- erst kleine, vielleicht kaum sichtbare
- jedoch für Dich deutlich fühlbar
- genieße, daß Du Dich genau im Takt bewegst
- nach und nach fühlst Du Dich sicherer
- Hemmungen existieren nicht
- Du siehst, daß alle mit Freude auf diesem Tanzplatz anfangen, sich zu bewegen
- nach und nach erklingt ein Instrument nach dem anderen, wird dann unterstützt von dem schon bekannten dum dum dum dum dum
- jedes neue Instrument mag Dich zu einer neuen Tanzbewegung inspirieren
- vielleicht bist Du aber auch froh, bald immer wieder die Trommel zu vernehmen
- auf jeden Fall sei Dir sicher, daß dieses Tanzfest hier auf der Lichtung nur zum Spaß geschieht und Du Dich unbeurteilt hier mit anderen bewegen darfst – –
- vielleicht empfindest Du eine unbändige Lust, so richtig loszutanzen
- so wie alle anderen, die Du hier siehst
- überlasse Dich ruhig diesem Tanztreiben
- genieße die freien, rhythmischen Bewegungen

- so ausgelassen hast Du Dich seit langem nicht mehr bewegt
- spüre Deinen Schritten beim Tanzen nach
- vielleicht fühlt sich einer besonders gut an
- wiederhole ihn mit Lust an Deinen Bewegungen
- indem Du diesen einen Schritt immer weiter tanzt, siehst Du, wie alle anderen hier ebenfalls einen Schritt
- ihren Schritt tanzen
- und alle sich langsam zu einem großen schwingenden Kreis um das Feuer formieren
- alle tanzen mit der gleichen Freude und Hingabe wie Du
- einen Freudentanz
- und Du bist dabei
- und tanzt in aller Freiheit und Aufmerksamkeit immer Deinen Schritt –

Musikende:

Spüre noch eine Weile Deinem Tanz und dem Tanzen mit den anderen nach

- was ist Dir wichtig?
- was möchtest Du in Deiner Erinnerung behalten?
- dann laß allmählich Deine Bilder immer mehr in den Hintergrund treten, bis sie ganz verschwunden sind
- Deine Erinnerung an Deinen Tanz, an Deinen Schritt bleibt Dir jedoch erhalten
- bereite Dich dann darauf vor, hierher in den Raum zurückzukommen, wo Du die Gelegenheit haben wirst, Dich noch einmal
- diesmal leibhaftig
- in Deinem Tanz zu erleben
- wenn gleich die Klangschale ertönt, dann zähle von 10 bis 0, räkle Dich wohlig und setz Dich auf –

Musik: Starko Drum Tutor
Tangelynen CWM Cou;
oder andere Trommelmusik

5. Tanz auf dem Regenbogen

Heute ist ein Tag, an dem Du Dir ein wenig Zeit reserviert hast

- Zeit nur für Dich allein
- und so beschließt Du einen Spaziergang zu machen
- es ist angenehmes Wetter
- mit Sonnenschein
- nur ab und zu kommen einige große Wolken, die mit ihrer grauen Färbung den blauen Himmel nur noch kräftiger erscheinen lassen
- und so machst Du Dich auf den Weg
- laß Dich einfach mal nur so treiben und sieh, nicht ohne Neugier, wohin es Dich geht
- wo gehst Du entlang?
- was siehst Du?
- wen triffst Du vielleicht?

- und nachdem Du eine Weile so gegangen bist, bemerkst Du, wie wohltuend die Sonne auf Deinem Körper ist
- wo spürst Du sie?
- wo durchdringen ihre lebensspendenden Strahlen Deine Haut?
- vielleicht wird Dir deutlich, wie wichtig Dir die Sonne ist
- wie wohl Du Dich vielleicht im Moment fühlst
- doch plötzlich spürst Du, wie es etwas kühler wird
- und als Du nach der Sonne schaust, bemerkst Du, wie sich eine Wolke davor geschoben hat und sie wohl für eine Weile verdecken wird
- Du gehst weiter
- plötzlich stellst Du fest, daß Du aufwärts gehst
- so als würdest Du beginnen, über eine sehr große Brücke zu gehen
- Du gehst noch ein paar schritte
- und als Du dann unter Dich schaust, bemerkst Du, daß Du auf einem Regenbogen gehst
- er lädt Dich ein, weiterzugehen
- es verwundert Dich vielleicht
- gleichzeitig jedoch auch faszinierend und einladend zugleich –

Musikeinsatz 1

Bei Musikbeginn weitersprechen:

- und dann spürst Du, wie Deine Schritte sich beginnen, anders anzu-fühlen
- alles wird viel leichter
- viel selbstverständlicher
- viel unbeschwerter
- und so gehst Du weiter auf dem Regenbogen
- fast als würdest Du kein Gewicht haben
- Dein Körper fühlt sich leicht an
- ohne Widerstände kannst Du Dich vorwärts bewegen
- nimm Dich bei diesem Gang auf dem Regenbogen wahr
- was geschieht Dir in diesem Zustand, dort

Nach Musikende:

- und nun wirst Du zu einem Tanz eingeladen
- hier auf dem Regenbogen Tanz
- vielleicht bist Du nicht allein
- laß Dich ein auf diesen Tanz
- es ist Dein Tanz auf dem Regenbogen
- nimm Dich dabei wahr –

Musikeinsatz 2

Nach Musikende:

Allmählich entfernen sich die Bilder von Dir

- Du beginnst Dein normales Körpergewicht wieder wahrzunehmen
- kannst Dich jedoch an das besondere Gefühl des Gehens auf dem Regenbogen erinnern
- auch der Tanz bleibt in Deinem Körper lebendig
- bereite Dich darauf vor, hierher in den Raum zurückzukommen, um hier die Erfahrungen des Gehens und Deinen Tanz mit Deinem Körper noch einmal zu erleben
- wenn gleich die Klangschale ertönt, dann zähle von 10 bis 0, räkle Dich wohlig und setz Dich auf -

Musik 1: Aeoliah: Majesty, Nr. 3 (7:44 Min.). Oreade Music

Musik 2: Deuter: Land of Enchantement, Nr. 1. Kuckuck Schallplatten/ERP Musikverlag (081)

6. Tempeltanz

Folge mir in Deiner Phantasie an einen heiligen Ort

– laß ihn vor Deinem inneren Auge deutlich werden

– an diesem Platz steht ein wunderschöner Tempel

– schau Dir diesen Tempel, dieses Heiligtum genau an

– vielleicht ist es ein Dir schon bekannter Tempel

– vielleicht fühlst Du Dich in diesem heiligen Haus schon heimisch, zuhause

– schau Dich um

– schau Dir alles genau an, so lang die nächste Musik erklingt –

Musikeinsatz 1

Heute ist ein wichtiger Tag, ein Festtag

- heute soll die Schönheit des Menschen, des menschlichen Daseins gefeiert werden
- Es ist der höchste Feiertag, der in diesem Tempel begangen wird
- deshalb wird die große Halle nun auch geschmückt
- sie wird noch schöner, so wie es einem solch wichtigen Tag auch gebührt
- die Schönheit der menschlichen Existenz
- und Du weißt auch, daß Du heute hier eine wichtige Rolle spielen wirst
- vielleicht ist eine gewisse innere Erregung für Dich nun auch spürbar – durch die Eingänge des Tempels kommen nun allmählich Menschen
- mehr und mehr
- einige kannst Du vielleicht auch erkennen
- sie alle wollen an dem großen Fest teilnehmen
- sie stellen sich um ein großes Podest herum und warten mit Spannung auf den Höhepunkt des Festes
- auf Dich
- Du bist auserwählt zu Ehren dieses Festtages gleich mit Beginn der Musik auf das Podest zu steigen und zu tanzen
- Du weißt, daß Du das sehr gut kannst
- nicht umsonst bist Du dafür auserwählt worden
- und doch bist Du vielleicht etwas nervös
- das macht nichts
- es ist wie ein Sog
- Du möchtest, ja Du mußt tanzen –

Musikeinsatz 2

Auf die Musik sprechen:

- und so besteigst Du das Podest und beginnst den Tanz zu Ehren der Schönheit des Menschen
- zu Ehren des Daseins des Menschen
- jedes einzelnen

- Der Tanz kommt einfach aus Dir heraus
- Du bist der Tanz
- ein Tanz für Dich
- für alle
- für die menschliche Existenz

Nach Musikende:

Alle sind Dir unendlich dankbar, daß Du wieder einmal gezeigt hast, was es heißt Mensch zu sein

- schön zu sein
- und jeder wußte, daß Du im Grunde jeden gemeint hast
- Du fühlst eine tiefe Verbundenheit zu jedem im Tempel
- alle haben Dich verstanden
- der festliche Höhepunkt im heiligen Haus geht dem Ende zu
- die Menschen entfernen sich
- das Haus entfernt sich
- der Ort entfernt sich
- Deine Erinnerungen und Gefühle bleiben Dir jedoch erhalten
- bereite Dich nun darauf vor, hierher in den Raum zurückzukehren, wo sogleich die Zeremonie noch einmal lebendig werden darf
- hier im Raum
- wenn die Musik erklingt, tanzt Du eben diesen Festtanz
- für Dich
- für alle
- für die menschliche Existenz
- Wenn die Klangschale ertönt, dann zähle von 10 bis 0, räkle Dich wohlig und setz Dich auf –

Musik 1: Raphael: Music to disappear I, Nr .5

Musik 2: Raphael: Music to disappear I, Nr. 6. Winged Disk, Hearts of Space

7. Tanz mit der linken Hand

Stell Dir einen Raum vor, der groß genug ist und in dem Du Dich wohlfühlst.

- Ein Raum, der Dir Platz zum Atmen
- zum Bewegen
- zum Dasein läßt.
- Schau ihn Dir an
- was ist Dir wichtig in diesem Raum?
- wie ist die Atmosphäre?
- das Licht?
- Gerüche?
- Suche Dir nun in diesem Raum den Platz, an dem Du Dich gerne hinstellen möchtest
- sieh zu, Daß Du gut Platz hast
- bleibe dort für einige Zeit ruhig stehen und spüre Dich
- die Luft um Dich herum
- den Raum
- und mache Dir nun klar
- ohne lang zu überlegen
- welches Gefühl für Dich im Moment, zur Zeit vorherrschend ist
- was beschäftigt Dich
- bewegt Dich
- benenne es still für Dich
- jetzt!

Musikeinsatz

Und mit dieser Musik schicke dieses Gefühl in die Fingerspitzen Deiner linken Hand

- spüre es dort ganz deutlich
- Du nimmst dieses Gefühl nun deutlich in den Spitzen Deiner Finger der linken Hand wahr
- Du spürst es sich ausdehnen in die Finger
- und sie beginnen sich dem Gefühl gemäß zu bewegen

68

- das Gefühl breitet sich mehr und mehr aus
- die ganze linke Hand ist nun in Bewegung
- sie entdeckt mit diesem Gefühl die Vielfalt der Bewegungsmöglichkeit – oben – unten – neben – vor – hinter dem Körper – allmählich ist der ganze Arm beteiligt – motiviert – getrieben – gesteuert von dem Gefühl, das Du Dir vorhin benannt hast
- spüre, wie dieses Gefühl Stück für Stück Kontakt mit Deinem ganzen Körper eingeht
- und mehr und mehr von Deinem Körper diesem Gefühl Ausdruck verleihen möchte
- laß Dir Zeit
- begib Dich hinein in diese Musik
- in Deinem Körper
- in dieses Gefühl
- in den Raum –

Nach Musikende:
Setze Dich nun für einen kurzen Moment auf den Boden nieder
- spüre nach
- wie ist es Dir ergangen
- was ist Dir vielleicht deutlich geworden
- bereite Dich dann darauf vor, gleich hierher in den Raum zurückzukommen, wo Du die Gelegenheit hast, von den Fingerspitzen der linken Hand beginnend, Deinen Tanz noch einmal zu tanzen
- wenn gleich die Klangschale ertönt, zähle von 10 – 0, räkle Dich wohlig und setz Dich auf –

Musik: M. Ravel: Bolero (ca. 14 Min.)

8. Ich – bin – da

Öffne Dich nun für die Vorstellung der Einzigartigkeit der Schöpfung
- Dieses sich ewig aus der göttlichen Energie heraus immer neu und immer weiterentwickelnde Wunder.
- Und es ist diese göttliche Energie, die alles vollbringt
- alles miteinander verbindet.
- Dadurch hängt alles miteinander zusammen
- kann alles miteinander leben
- Alles zusammen bildet unsere Welt
- jede und jeder gehören zusammen und sind doch einmalig und einzigartig
- Öffne Dich nun für die Vorstellung des „Ich"
- Du bist das Ich
- nimm Bezug auf zu diesem Ich.
- Einmalig und einzigartig – wertvoll für den Erhalt der Schöpfung
- eingebettet in diese göttliche Energie und aus ihr lebend
- sei Dein Ich.
- Nimm Dich wahr
- bewegt und bewegend
- der göttliche Funken
- Dein Ich –

Musikeinsatz 1

Und mit dieser Musik nun
- öffne Dich für die Gewissheit des „Ich bin"
- für ein „Ich bin", das keine Bestätigung benötigt, weil das Selbstverständnis in Dir selbst ist, durch die göttliche Energie.

Musikeinsatz 2

„Ich bin"

- spüre Dein „Ich bin"
- nimm in Deiner Vorstellung die körperliche Haltung wahr
- Deine Aufrichtung
- „Ich bin" bedeutet ganz aufgerichtet zu sein
- zugleich: geistige, seelische und körperliche Größe.

70

Musikeinsatz 3

Mit der nächsten Musik öffne Dich nun für das ganze Bewußtsein eines „Ich bin da".

– „Ich bin da"
– wach und bereit für all das, was es für Dich heißt: „Ich bin da"
– Spüre dieses „Ich bin da" im ganzen Körper
– Spüre die göttlich Energie als innerstes Zentrum für Dein „Ich bin da" –

1. Pause in der Musik

Und nun beginne Dich in Deiner Vorstellung zu bewegen mit dem ganzen Bewußtsein Deines „Ich bin da".

– Nimm wahr, wie sich die Bewegungen anfühlen
– was nimmst Du dabei wahr?

2. Pause in der Musik

Werde mutiger und mutiger in Deinen Bewegungen

– in Deinem „Ich bin da" –

3. Pause in der Musik

Beginne nun einen „Ich-bin-da-Tanz"

– zeige Dir und der Welt in Deinem Tanz das ganze Ausmaß Deines „Ich bin da".

Nach Musikende:

Die Musik ist nur für einen Moment verklungen

– sie verklingt im Grunde nie
– denn wenn gleich die Klangschale ertönt, wirst Du von 10 – 0 zählen
– Dich wohlig räkeln, hierher in den Raum zurückkehren und diesem Ich
– Ich bin
– Ich bin da
– eine konkrete Gestalt geben.

Die Musik beginnt dann von neuem

– fühle und lasse Dich ein.

Musik 1: Vangelis: Opera Sauvage, Nr. 4
Musik 2: Vangelis: Opera Sauvage, Nr. 6
Musik 3: Vangelis: Opera Sauvage, Nr. 7 (alle drei: Polydor)

9. Indianertanz – Tanz des Guten, um Böses zu verjagen

Nimm die Entspannung wahr, die Dich umgibt und die Dich erfüllt

- Ruhe und Gelassenheit, wie Du sie Dir wünscht
- in dieser Ruhe und Gelassenheit ist es Dir vielleicht möglich, manches mit ganz neuen Augen zu betrachten, Neues mit lebensbringendem Interesse zu begegnen
- und so folge mir in Deiner Vorstellungswelt in ein Land über den Atlantischen Ozean
- nach Amerika
- Du bist mit einigen anderen eingeladen zu einem Festtag eines Indianerstammes.
- Hier, bei diesem Volk haben Feste und Rituale ihre besondere Bedeutung und sind lebendiger Bestandteil des Lebens
- fühle Dich von diesen gastfreundlichen Menschen eingeladen und schau Dich erst einmal um
- wo leben sie?
- wie leben sie?
- was macht für Dich die Besonderheit dieses Ortes aus?
- wie begegnen Dir die Menschen dort?
- wie fühlst Du Dich bei ihnen?
- heute ist ein wichtiger Tag für dieses Volk, zu dem Du eingeladen bist teilzunehmen
- alle haben ihre schönste Kleidung an
- und es herrscht eine erwartungsvolle Atmosphäre.

Musikeinsatz 1

Auf die Musik sprechen:

und dann ertönt der Ruf der Trommeln, die alle Menschen zum großen Festplatz rufen

- folge auch Du ihnen, denn Du bist als Gast wie selbstverständlich ein Teil der Gemeinschaft
- alle versammeln sich zu einem großen Kreis
- nimm wahr, wie es Dir dort geht
- als Teil der Gemeinschaft bist Du nun auch gleich miteingeladen, an einem Tanz teilzunehmen

- ein Tanz, zu Ehren des Guten
- Böses soll verjagt werden, um Raum zu schaffen für Gutes
- Vielleicht ein lang ersehnter Wunsch von Dir, endlich einmal durch einen Tanz dem Guten in Dir mehr Raum zu geben
- und so kannst Du Dich nun gleich in das Tanzgeschehen hineinbegeben
- Dir Böses verjagen, um Gutem mehr Raum zu geben.

Musikeinsatz 2

Nach Musikende:

Bleibe noch eine Weile dort an dem Platz, an dem Du Dich im Moment befindest

- vielleicht magst Du Dich setzen oder legen
- die nächste Musik möchte Dich noch zu einer Besinnung einladen
- es ist ein Lied des Dankes
- und so kannst Du nun Dank sagen dem von Dir benannten Bösen und dem Guten
- beides hat in Deinem Leben einen Platz
- vielleicht möchtest Du jedoch eine neue Bewertung oder Einteilung vornehmen –

Musikeinsatz 3

Verabschiede Dich nun von dem Ort, von den Menschen – laß alles in den Hintergrund treten bis alles verschwunden ist – nimm aber Gefühle, Erinnerungen und Erkenntnisse mit – bring alles mit hierher in den Raum – Du hast hier gleich die Gelegenheit zu den 3 Musikstücken Deinen Erlebnissen körperlichen Ausdruck zu geben – wenn gleich die Klangschale ertönt zähle von 10 bis 0, räkle Dich wohlig und setz Dich auf –

Musik 1: American Indian Dance Theatre; Nr. 4 Drum call

Musik 2: American Indian Dance Theatre; Nr. 9 Apache Crown Dance

Musik 3: American Indian Dance Theatre; Nr. 8 Appreciation Song
Buda Records; Melodie Distribution

10. Ich tanze mich einmal richtig frei

Führe Dich mit jedem Ausatmen mehr und mehr in Deine Entspannung

- fühl Dich mehr und mehr in Deiner Ruhe zu Hause
- vielleicht nimmst Du wahr, wie wohl es tut –
- E n t s p a n n u n g
- eine Ruhe, die Dich befreit
- Du selbst kannst Dich in diesem Zustand befreien
- und so begib Dich zuerst an einen Ort, der Dir viel Platz gibt, an dem Du Dich frei fühlst
- äußerer Raum und innerer Raum ist Dir dort gegeben
- schau Dich dort um
- was siehst Du?
- was nimmst Du besonderes wahr?
- und Dann stell Dich innerhalb dieses Ortes an einen Platz, wo Du wirklich optimale Bewegungsfreiheit hast
- fühle Dich dort stehend an diesem Platz
- mit der gleich einsetzenden Musik nimmst Du wahr, wie Dich Belastendes von Dir abfällt
- das mögen Kleidung, auch Gedanken und Gefühle sein
- alles fällt von Dir ab, macht Dich frei, gibt Dich frei – –

Musikeinsatz 1

Du bist frei und hast Dich vielleicht wahrgenommen in diesem ganz unbelasteten Zustand

- und nun, mit der nächsten Musik hast Du die Möglichkeit Dich auch ganz frei zu bewegen
- vielleicht erlebst Du Dich in Deinen Bewegungen, in Deinem Tanz so, wie Du Dich noch nie gefühlt hast, weil Belastendes bisher immer gegenwärtig war
- hier nun darfst Du ganz frei sein, Dich frei fühlen, Dich ganz frei bewegen
- Du darfst Dich loslassen
- tanze Dich frei –

Musikeinsatz 2

Obgleich die Musik nun verklungen ist, wird es Dir doch möglich sein, das Gefühl des Frei-Seins in Dir zu bewahren

– Du weißt, wie es sich anfühlt, frei zu sein und sich frei zu bewegen

– bereite Dich nun darauf vor, hierher in den Raum zurückzukommen, wo Du diesem Gefühl von Freiheit noch einmal nachspüren kannst, im Sein und in der Bewegung, im Tanz

– wenn gleich die Klangschale ertönt, dann zähle von 10 bis 0, räkle Dich wohlig und setz Dich auf –

Musik 1: Kobialka: Timeless Motion, Nr. 2. Li.Sem Enterprises Inc.

Musik 2: Vangelis: Direct, Nr. 5. Arista

11. Meditatives Tanzritual

Genieße diesen Zustand der Ruhe, in Dir und um Dich herum

– und spüre die Weite in dieser Ruhe.

– Tritt ein in eine große Halle, indem Du durch ein einladendes Tor gehst.

– Die großen Flügeltüren schließen sich fast geräuschlos hinter Dir

– vor Dir liegt ein großer, runder Raum, dessen wahre Ausdehnung für Dich nicht klar auszumachen ist, weil nur die Mitte beleuchtet wird durch einen auf dem Boden stehenden Leuchter mit 12 Kerzen.

- sieh Dich um, nimm die Atmosphäre wahr und spüre die Geborgenheit, die Dich umgibt

- nun nimm auch wahr, daß Du nicht allein bist

- eine kleine Gruppe von Menschen hat sich um den Leuchter versammelt – eine vertrauensvolle Ruhe geht von ihnen aus

- zögere nicht, Dich ihnen zu nähern

- fühle Dich eingeladen, in ihren Kreis zu treten

- sieh Dich um

- schaue Dir ihre Gesichter an.

- Wie von selbst entsteht eine Euch alle verbindende Atmosphäre –

Musikeinsatz 1

Auf die Musik sprechen:

In diese liebende Stille hinein ertönt nun Musik

- die in diesem Moment nicht angenehmer für Dich sein könnte

- höre sie Dir zuerst nur an und nimm wahr, was Du dabei empfindest –

Nach Musikende:

Wenn nun diese Musik das zweite Mal ertönt, wirst Du vielleicht bemerken, wie sehr sie Dich zu Bewegungen anregt

- es können sehr einfache, kleine Bewegungen sein

- vielleicht nur ein Schritt vor und zurück oder seitwärts

- folge mit Deinem Körper diesem inneren Impuls und genieße Deine Harmonie der Bewegungen mit der Musik. Nimm wahr, wie Du Dich mit dieser tänzerischen Bewegung in dieser wunderschönen Halle bei Kerzenschein Deiner inneren Harmonie überläßt

- spüre diesen kleinen Tanzschritt

- Du kannst Dich dann später an ihn erinnern.

Musikeinsatz 2

Jetzt gleich beim Erklingen der Musik zum dritten Mal, wirst Du bemerken, wie vielleicht in Dir, wie auch in allen anderen ein tiefer Wunsch spürbar wird, sich nach dieser Musik gemeinsam, als Gruppe zu bewegen

- lasse es zu, daß Du Teil dieser Einheit wirst und nimm wahr, wie ihr Euch bewegt, was geschieht.

Musikeinsatz 3

Laß die Musik, die Bewegungen, das Geschehen, den Raum noch einige Zeit in Dir nachklingen

- genieße die Wirkung
- verabschiede Dich nun in Gedanken von diesem Ort, von dieser Gruppe
- bereite Dich dann darauf hierher in den Raum zurückzukommen, wo Du Gelegenheit haben wirst Deinen Tanz allein und schließlich
- wenn Du möchtest
- mit allen anderen hier im Raum in der Bewegung zu erleben
- Wenn gleich die Klangschale ertönt, zähle von 10 bis 0, räkle Dich wohlig und setz Dich auf –

Musik: David Mingye Liang: Dream of a Butterfly, Nr. 6 (5:3 Min.) Tao

12. Renaissance-Tanz

Wir haben das Jahr 1530 in Norditalien.

- Eine Zeit, in der Du Dich sehr wohl und aufgehoben fühlst.
- Es ist die Zeit, in der viele Menschen sich wieder als lebendig fühlen
- und dies auch ausdrücken, indem sie gerne Feste feiern und das Leben in jedem Moment genüßlich zu gestalten versuchen
- zu solch einem Feste bist auch Du geladen
- Du kennst diese Feste
- Du warst schon auf vielen
- und allein der Gedanke daran läßt Freude und Erregung aufkommen
- endlich wieder tanzen
- endlich darfst Du Dich in die Reihe der Tänzer und Tänzerin einreihen, um nach Musik die Tänze zu tanzen, die Du so gut kannst und die Bestandteil eines jeden Festes sind

- ob vor oder nach dem Essen
- so mache Dich also bereit zu einem Fest
- stell Dir vor, was Du anhast
- die Kleidung, die Du trägst
- sie ist eng anliegend
- sehr figurbetont
- hoch geschlossen und mit vielen Stickereien und Perlen verziert
- die Kleidung allein gibt Dir eine bestimmte, aufrechte, stolze Körperhaltung und ermöglicht nur den Beinen einen Spielraum, um Schritte auszuführen
- Tanzen heißt, mehr ein Schreiten in bestimmte Richtungen, als ein Hüpfen oder gar ein Springen
- doch dieses Schreiten findet in vollkommener Harmonie mit der Musik statt
- eine Harmonie von Bewegung und Musik, die auch auf Dein Gemüt nicht ohne Einfluß ist
- Deinen Kopf schmückt eine wunderschöne schlichte Frisur oder eine Kopfbedeckung
- das macht das Tragen des Kopfes noch selbstverständlicher
- bist Du eine Frau, so hast Du einen bodenlangen, etwas nachschleifenden Rock an
- bist Du ein Mann, so kannst Du Deine Beine in wunderbaren, verzierten, enganliegenden Strumpfhosen zur Schau stellen
- es macht das Bewegen und Setzen der Füße in den eleganten, weichen Schuhen um so einfacher
- geradezu natürlich
- so stehst Du denn nun da
- in Handkontakt mit Deinem Tanzpartner oder Partnerin und es ist schön, Dir zuzusehen, denn es ist Dir anzusehen, wieviel Freude es Dir macht
- wie leicht es Dir fällt, Dich in diesem großen Saal zu bewegen
- es ist, als ob die Musik durch Deinen Körper eine große Sichtbarmachung erfährt
- sei nun ganz bewußt bei Deinen Tanzbewegungen und fühle, wie sich Dein Körper zu dieser Musik bewegt: sparsam

- jedoch die ganze Musik ausfüllend, bewußt und stolz
- jedoch nie aufdringlich raumgreifend
- jedoch nie mehr, als pro Takt und Schritt möglich ist
- es sind nur 2 oder 3 verschiedene Schritte
- sie sind jedoch so anschaulich und fühlen sich so angenehm an, daß es Dir nichts ausmacht, nur diese Schritte zu tanzen
- überlasse Dich nun dieser Musik und diesen Schritten und sei Dir sicher, daß beim Erklingen der Musik zum zweiten Mal Dir genau diese Schritte wieder einfallen und Du sie ganz deutlich mit Deinem Körper empfinden kannst
- sie sind Deine Schritte
- bleiben auch nach Verklingen der Musik noch in Deinem Gedächtnis.

Musikeinsatz 1

+ *Wiederholung*

Spüre noch eine Zeitlang diesem Tanzgeschehen in Dir und um Dich herum nach

- laß nun Deine Bilder immer kleiner werden, bis sie ganz verschwunden sind
- Deine Gefühle und Wahrnehmungen für Deinen Tanz gehen Dir jedoch nicht verloren
- bereite Dich nun darauf vor, gleich hierher in den Raum zurückzukommen, wo Du die Gelegenheit hast Deinen Tanz noch einmal mit Deinem Körper nachzuerleben
- Wenn gleich die Klangschale ertönt, zähle von 10 bis 0, räkle Dich wohlig und setz Dich auf –

Musik: Anonym: Pavane, in: Karl Heinz Taubert: Höfische Tänze.
WER 3001 (LP)

13. Mein Körper tanzt

Folge mir an einem Ort, an dem es schöner und angenehmer nicht sein kann. Es gibt dort einen Raum, in dem Frieden spürbar ist. Frieden und Liebe zeigen sich in der Größe des Raumes

– in den Farben, die Du in diesem Raum erblicken kannst

– in dem Licht

– Licht, das die Weite des Raumes noch einladender gestaltet

– Was siehst Du sonst noch in diesem Raum?

– Schau es Dir in Ruhe an

- es ist ein Raum, in dem Du Dich wohl und geborgen fühlst
- Betritt nun diesen Raum und begib Dich genau in die Mitte
- wenn es dort keinen Platz geben sollte, dann begib Dich dorthin, wo Du ausreichend Platz zum freien Bewegen finden kannst.
- Stelle Dich dort aufrecht hin und spüre den Raum um Dich herum
- Es wird gleich Musik erklingen.
- Höre am Anfang einfach nur zu
- öffne Dich für die Klänge und Harmonien
- laß Dich von Ihnen erfüllen –

Musikeinsatz 1

Auf die Musik sprechen:

Und Du kannst vielleicht spüren, wie langsam, ganz allmählich Deine Füße, nur Deine Füße zu dieser Musik sich bewegen, tanzen wollen.

- Gestatte einmal nur Deinen Füßen zu tanzen
- erlaube nun Deinen Beinen sich ebenfalls mit den Füßen zu bewegen, zu tanzen.
- Lasse nun Deine Hüften sich mit einschwingen in diesen Tanz
- auch Dein Rumpf, Brustkorb möchten sich beteiligen.
- Laß Deine Arme und Hände noch unbewegt
- Allmählich erwachen nun auch Deine Arme zu diesem Tanz
- und Deine Hände werden miteinbezogen in diesen Tanz
- und so wie die Sonne allmählich die gesamte Natur erweckt, erwacht Dein ganzer Körper
- auch Dein Kopf tanzt mit.
- Dein gesamter Körper ist nun in Bewegung, tanzt seinen Tanz
- es ist Dein Tanz
- nimm Dich dabei gut wahr –

Musikeinsatz 2

Nach einer Weile auf die Musik sprechen:

Du bist in Bewegung und tanzt Deinen Tanz

- und während Du tanzt, ganz der Musik hingegeben, spürst Du vielleicht, was Du tanzt.

- Gib Deinem Tanz einen Namen
- tanze Deinen Tanz
- tanze Dich lebendig
- tanze, tanze, tanze ...

Musikende:

Auch wenn nun die Musik verklungen ist, bleibe noch eine zeitlang mit Deiner Wahrnehmung bei Dir, in Deinem Körper

- vielleicht spürst Du noch Deinen Tanz, dem Du ja einen Namen gegeben hast, in Deinem Körper
- vielleicht hat Dir dieser Tanz auch etwas deutlich gemacht
- und dann bereite Dich darauf vor hierher in den Raum zurückzukommen, wo Du gleich die Gelegenheit hast, diesen, Deinen Tanz noch einmal zu tanzen, ihm Gestalt zu geben
- wenn gleich die Klangschale ertönt, dann zähle von 10 bis 0, räkle Dich wohlig und setz Dich auf...

Musik 1: Raphael: Music to disappear in; Nr. 6 (8:38 Min.)

Musik 2: Raphael: Music to disappear in; Nr. 7 (6:49 Min.).
Winged Disk, Hearts of Space

14. Ein griechischer Abend

Nimm Dich wahr in Deiner Entspannung

- Ruhe ist in Dir und um Dich herum
- Du darfst jetzt ganz bei dir, in Deiner Ruhe sein
- und spüre in Dir die ganze Vielfalt Deiner Vorstellungswelt
- sie ist Dir jetzt zugänglich
- sie gehört Dir ganz
- und so stell Dir vor, Du bist in Griechenland
- es ist ein herrlicher Sommerabend
- vielleicht spürst Du die laue Luft, die angenehme Temperatur
- und an diesem herrlichen Sommerabend gehst Du einen Weg entlang, der Dich von den Bergen kommend dem Meer entgegen bringt
- die Sonne ist noch angenehm warm
- vielleicht kannst Du sie wohltuend auf Deiner Haut spüren
- diese Sonne taucht alles in ein wunderbares Licht
- während Du so Deinen Weg entlang gehst, schau Dich dabei um
- was siehst du?
- kannst Du etwas riechen?
- wie geht es Dir dort?
- und als Du so den Weg entlang gehst, öffnet sich die Vegetation und Du stehst vor dem Meer
- schau es Dir an, und nimm Deine Gefühle dabei wahr
- und als Du nach links schaust, entdeckst Du in einiger Entfernung am Ufer eine Taverne
- und gehst am Strand entlang auf sie zu –
- was für eine Atmosphäre geht von ihr aus?
- schließlich näherst Du Dich und trittst ein

Musikeinsatz 1

Auf die Musik sprechen:
Schau Dich erst einmal genau um

- was empfängt dich?
- nimm auch die anderen Menschen in der Taverne wahr

- dann siehst Du einen freien Platz und setzt Dich hin
- gib Dir nun für die Dauer dieser Musik Zeit, Dir alles in Ruhe von Deinem Platz aus anzuschauen
- laß diese Taverne mit allem was zu ihr gehört auf Dich wirken –

Musikende:

allmählich kommen immer mehr Menschen in die Taverne bis sie angefüllt ist mit einer lebensfrohen und erwartungsvollen Atmosphäre

- Du kannst Stimmen hier
- und Gespräche dort vernehmen
- eine Lied in einer Ecke
- und plötzlich steht ein Mann auf, stellt sich auf einen freien Platz und schnalzt mit den Fingern
- die Arme sind erhoben
- und er beginnt sich zu bewegen
- er beginnt seinen Tanz
- die Gesichter in der Taverne wenden sich ihm zu
- und es dauert nicht lange, da stehen mehr und mehr Menschen auf, und gesellen sich zu ihm
- und als dann auch noch Musik erklingt, da hält auch Dich nichts mehr, und Du spürst den großen Wunsch mit allen zusammen einen Tanz der Freude und Freiheit zu tanzen
- ein Tanz, der Dir vielleicht deutlich macht, was Lebenslust bedeutet –

Musikeinsatz 2

Nimm Dich wahr nachdem die Musik verklungen ist

- wie fühlst Du Dich jetzt?
- verabschiede Dich nun für jetzt von den Menschen mit denen Du getanzt hast
- laß sie und die Taverne allmählich immer kleiner werden, bis sie ganz aus Deinem Blick verschwunden sind
- und bereite Dich darauf vor hierher in den Raum zurückzukommen, wo Du die Gelegenheit haben wirst, diesen Tanz noch einmal lebendig werden zu lassen
- Wenn gleich die Klangschale ertönt, zähle von 10 – 0, räkle Dich wohlig und setz Dich auf

Musik 1: 20 best of today's Folkmusic, Nr .8 (3:28 Min.)

Musik 2: 20 best of today's Folkmusic; Nr. 9 (3:48 Min.). ARC Music

15. Heilungstanz II

Ruhe ist eingekehrt in Dir
- Ruhe, die Dich einlädt, bei Dir zu sein
- vielleicht ist es Dir möglich, Dich dadurch deutlicher in Deinem Körper zuhause zu fühlen
- Es ist Dein Körper, in dem Du Dir am nächsten bist
- nimm Dich einmal ganz bewußt wahr, als in Deinem Körper seiend
- Du bist in Deinem Körper
- Du bist Dein Körper
- vielleicht meinst Du ihn schon immer gut zu kennen
- jeden Winkel und jeden Raum in ihm
- und doch gibt es vielleicht noch ungeahnte Räume
- mach Dich nun bereit, die folgende Musik in Deinem Körper einzulassen und Dich damit gänzlich zu erfüllen
- vielleicht bislang unentdeckte Räume zu erspüren und die Musik einzuladen auch diese Räume auszufüllen
- Öffne Dich und weite Dich
- laß die Musik ein
- fülle und erfülle Dich –

Musikeinsatz 1

Vielleicht war es Dir möglich, mehr von Deiner Er-füllung wahrzunehmen
- spüre nun zu dem Teil Deines Körpers hin, der im Moment am meisten Beachtung bedarf, aus welchen Gründen auch immer
- sei es, weil er schmerzt, Zuwendung braucht oder weil er symbolisch etwas für Dich bedeutet
- spüre Dich in diesen Körperteil gut ein
- nimm wahr, welche Gefühle Dich erfüllen, als Du in Kontakt mit diesem Teil Deines Körpers kommst
- und nun bereit Dich darauf vor, für und mit diesem Teil Deines Körpers einen Tanz der Zuwendung, der Heilung, zu tanzen
- folge diesem Körperteil in all Deiner Wahrnehmung und spüre Deinen Bewegungen dabei nach, die Dein Körper sich zu der nun folgenden Musik in Deiner Vorstellungswelt holt
- er holt sich, was er braucht

Musikeinsatz 2

Nimm wahr, wie Du Dich jetzt fühlst

– vielleicht bist Du voll Dankbarkeit für die Weisheit Deines Körpers
– Du kannst ihm vertrauen
– vielleicht ist Dir durch diesen Tanz auch etwas deutlich geworden
– dann mach Dir das jetzt ganz klar –
– Du kannst Dich gleich wiederum ganz vertrauensvoll Deinem Körper überlassen, wenn er noch einmal, und dann nicht nur in Deiner Vorstellung, sich der Musik hingibt und dem Teil Deines Körpers Heilung zuführt, der es im Moment am dringendsten benötigt
– wenn gleich die Klangschale ertönt, dann zähle von 10 – 0 , räkle Dich wohlig und setz Dich auf.

Musik 1: Standing Stones of Callanish; Nr. 7 (4:03 Min.).
Kuckuck Schallplatten München
Musik 2: Vangelis: Direct; Nr. 3 (6:08 Min.). Arista

16. Samba (Karneval in Rio)

Nimm Dich wahr in Deiner Ruhe

- vielleicht spürst Du Deine Entspannung
- in dieser Ruhe und Entspannung hast Du leichten Zugang zu Deiner Phantasiewelt
- Langerträumtes darf sich Dir nun zeigen
- und so folgst Du vielleicht freudig der Einladung, mit nach Brasilien zu kommen
- Es ist warm
- und das beeinflußt nicht nur die Vegetation
- auch das Leben selbst und die Stimmung der Menschen ist verändert
- stell Dir vor, Du bist, wie viele andere Menschen auch, nach Rio gekommen, um den berühmten Karneval mitzuerleben
- spüre Dich zuerst ein in dieses Land, in die Temperatur und in das prickelnde Gefühl des Karnevals in Rio –

Musikeinsatz 1

Musikende:

Der von Dir mit viel Spannung erwartete Abend eines großen Festumzuges steht bevor

- Du stehst vor einem großen Spiegel in dem Du Dich ganz sehen kannst
- und daneben hängt ein erst gestern fertiggestelltes Kostüm
- schau es Dir noch einmal an
- was fällt besonders auf?
- stellt es etwas dar?
- Du nimmst es in die Hände
- streichst noch einmal über den Stoff und die Verzierungen
- und nun ziehst Du es an
- betrachtest Dich im Spiegel
- was für eine Atmosphäre geht von Deinem Spiegelbild aus?
- und als Du Dich so im Spiegel betrachtest, spürst Du vielleicht in Dir die Freude, Dich darin zu bewegen

– und so gehst Du aus dem Haus und überläßt Dich dem Treiben auf den Straßen –

Musikeinsatz 2

Auf die anfänglich leise Musik sprechen:

– die Musik lädt Dich ein mit allen anderen das prickelnde Gefühl des Karnevals auszukosten
– Du bewegst Dich
– tanzt
– triffst vielleicht Freunde
– tanzt
– spürst Deine Lebendigkeit
– fühlst Dich frei
– sei offen für das, was Du erlebst
– offen für Dich –

Musikende:

Musik – Tanz – Lebensfreude

– das Leben in den verschiedenen Erscheinungen des Rhythmus
– Die Nacht in Rio ist noch lang
– der Tanz wird sicher noch lange weitergehen
– doch Du bereitest Dich allmählich darauf vor, hierher in diesen Raum zurückzukommen
– laß Deine Bilder immer kleiner und kleiner werden
– bis sie ganz verschwunden sind
– stell Dich darauf ein, gleich hier im Raum noch einmal mit Deinem Körper den Tanz, Deine Lebensfreude zum Ausdruck zu bringen
– wenn gleich die Klangschale ertönt, zähle von 10 bis 0, räkle Dich wohlig und setz Dich auf...

Musik 1: Baden Powell: Tristeza on Guitar; Nr. 2 (4:43 Min.)
Musik 2: Baden Powell: Tristeza on Guitar; Nr. 9 (3:30 Min.).
Polygram 817 491 2

17. Mein Zentrum

Genieße die Ruhe

- genieße den entspannten Zustand, indem Du Dich jetzt befindest
- Du darfst jetzt ganz Du selber sein
- vielleicht spürst Du ein deutliches „Ja" zu Dir
- vielleicht kannst Du Dich innerlich leise dieses „Ja" sagen hören
- stell Dir nun einen Ort vor, an dem Du Dich sicher, geschützt und wohlig aufgehoben weißt
- schau ihn Dir an
- was siehst du?
- was entdeckst Du dort?
- was ist besonders an diesem Ort?
- was nimmst Du wahr?
- und dann plaziere Dich an diesem Ort dorthin, wo Du sein möchtest
- es ist gleich, ob Du liegst, stehst oder sitzt
- fühle Dich ein in Deine Haltung, die Du eingenommen hast
- wie fühlst Du Dich dort, so?
- und dann nimm Deinen Körper deutlich wahr
- wie fühlst Du Deinen Körper?
- konzentriere Dich auf die Stelle Deines Zentrums, ungefähr zwei Finger breit oberhalb Deines Bauchnabels
- und fühle Dich ein in diesen Punkt
- versuche mit Deinen Wahrnehmungen ganz in Deinem Zentrum zu sein
- lasse nun diesen Punkt ein Energiepunkt werden
- immer deutlicher nimmst Du nun die Energie wahr, die in diesem Punkt enthalten ist
- mag es nun Wärme, Kraft oder etwas anderes sein
- Du spürst diese Energie nun vielleicht ganz deutlich
- lasse mit der gleich einsetzenden Musik diese Energie, was es auch immer sein mag, sich über Deinen ganzen Körper ausdehnen
- gib Dir dazu genügend Zeit
- laß am Schluß der Musik Deinen Körper von dieser Energie ganz erfüllt sein –

Musikeinsatz 1

Und nun, da Du ganz mit dieser, Deiner Energie angefüllt bist

- erlaube, daß diese Energie Dich in Deiner Vorstellung in Bewegung bringt
- die gleich einsetzende Musik wird Dich vielleicht dabei unterstützen
- überlasse Dich in Deiner Vorstellung und Deiner Wahrnehmung ganz dieser Energie
- sie bringt Dich in Bewegung, vielleicht wird es ein Tanz –

Musikeinsatz 2

Obwohl die Musik verklungen ist, bleibt Dir dieses Gefühl des Erfüllt-seins erhalten

- laß Deine Bilder nun mehr und mehr in den Hintergrund treten
- bis sie ganz verschwunden sind
- Deine Wahrnehmungen bleiben jedoch in Dir
- bereite Dich nun darauf vor, hierher in den Raum zurückzukommen, wo Du die Gelegenheit haben wirst, zu der ersten Musik die Energie noch einmal zu spüren, sie sich in Deinem Körper ausbreiten zu lassen
- die zweite Musik lädt Dich dann ein, den Bewegungen, Deinem Tanz nachzuspüren, sie nachzuerleben, die durch diese Energie hervorgerufen wurden –

Musik 1: Terra-X; CD 1; Nr.7 (3:50 Min.)

Musik 2: Terra-X; CD 2; Nr.8 (4 Min.). CBS 467595 2

18. Ich gehe

(Für diese Phantasiereise ist eine kürzere Entspannung ratsam)

Die Ruhe in Dir und um Dich herum lädt Dich ein, immer mehr und mehr in Deine Entspannung hineinzuspüren

– Deinen Körper immer bewußter in dieser Ruhe wahrzunehmen
– stell Dir nun einen Ort vor, an dem Du gerne bist
– ein Ort vielleicht, mit dem Du schöne Gefühle und Erinnerungen verknüpfst
– schau ihn Dir in Ruhe einmal an
– was ist so besonders an diesem Ort?
– kannst Du etwas riechen?
– kannst Du etwas hören?
– spüre Dich in Deiner Vorstellung wie Du nun dort aufrecht stehst
– aufrecht in Deiner ganzen Größe

- in Deiner ganzen Schönheit
- spüre, wie es sich anfühlt, so dazustehen
- wie geht es Dir dort im Moment an diesem Ort, stehend?
- Du stehst dort aufgerichtet zwischen Himmel und Erde
- Du bist das Bindeglied zwischen Oben und Unten
- zwischen Geist und Materie –

Musikeinsatz

Auf die Musik sprechen:

Und nun beginne, vorsichtige Schritte zu gehen

- gehe sie in Deiner Vorstellung und nimm Dich dabei wahr
- tastende Schritte zuerst
- behutsam
- spüre dabei Deine Zehen
- die Fersen
- die Fußsohlen
- die Knöchel
- die Beine
- alles, was beim Gehen beteiligt ist
- und wenn Du Dir nun Deiner Schritte sicherer, bewußter geworden bist, werde mutiger
- werde etwas schneller –
- dann wieder langsamer –
- zügiger –
- dann wieder zögernder –
- fast kommst Du ins Rennen –
- dann gehst Du wieder sehr verhalten –
- entdecke die Möglichkeiten Deiner Vielfalt im Gehen –
- Und nun gehe wieder Dein normales Tempo
- so wie es sich im Moment gut anfühlt für Dich
- spüre auf was Du gehst
- spüre den Untergrund
- ist er weich oder hart?

- warm oder kalt?
- versuche viele verschiedene Untergründe unter Deinen Fußsohlen zu erspüren
- nimm genau wahr und gehe
- Nun finde in Deiner Vorstellung Deinen Untergrund der Dir angenehm ist und Dein Tempo darauf zu gehen
- spüre Dich gehend
- und dann mache Dir bewußt, auf was Du zugehst
- es wird Dir mit einem Mal ganz deutlich
- gehe weiter auf Dein Ziel zu
- Du wirst es vielleicht im Moment in Deiner Vorstellung nicht erreichen
- das macht nicht
- gehe einfach nur und sei Dir Deines Weges auf Dein Ziel hin bewußt
- mach Dir dann auch deutlich, daß Du auf diesem, Deinem Weg bleibst, auch wenn Du gleich hierher in den Raum zurückkommst
- Du hast dann die Gelegenheit, die Vielfalt Deines Gehens, verschiedene Untergründe, Tempi mit Deinem Körper zu erproben
- Wenn gleich die Klangschale ertönt, zähle von 10 bis 0, räkle Dich wohlig und setz Dich auf...

Musik: Frank Lorentzen: Centering, Nr. 1 (11:37 Min.) Foenix musik

19. Gewitter und Gewittergedicht

Die Dich umgebende Ruhe und die Entspannung in Dir ermöglichen
Dir in Deiner Vorstellung Phantasien zu erleben, die bislang unge-
träumt blieben

– so stell Dir vor Deinem inneren Auge vor, es ist ein wunderschöner
 Spätsommertag, der langsam zu Ende geht

– und da es heute zwar schön, die Sonne jedoch auch etwas stechend
 heiß war, lassen die Wolken nicht auf sich warten

– Du wirst nun gleich eingeladen, ein erfrischendes Gewitter zu erleben – keine Angst!

– Du bist geschützt und beobachtest das Geschehen hinter dem Fenster eines kleinen Hauses an einem Waldbach

– Du kannst das Naturschauspiel behütet mitanschauen

– nimm Dich dabei wahr –

Musikeinsatz

Während Du soeben das Geschehen eines Gewitters beobachten konntest, lade ich Dich nun zu einem Gewittergedicht ein

— gestatte Dir das Geschehen mit all Deinem Vorstellungsvermögen zu erleben, als wenn Du der jeweilige Hauptakteur jeder Strophe wärst

— sei es nun eine Wolke, ein Blitz, eine Katze oder was sonst noch

— Sei dabei aufmerksam für Deine Bewegungen und Deine Gefühle

— Nimm Dich wahr in diesem Schauspiel, in dem Du immer die Hauptrolle spielst –

Das Gewitter

(1) Hinter dem Schloßberg kroch es herauf:
Wolken – Wolken!
Wie graue Mäuse,
ein ganzes Gewusel.
Zuhauf jagten die Wolken gegen die Stadt.

(2) Und wurden groß
und glichen Riesen
und Elefanten
und dicken, finsteren Ungeheuern,
wie sie noch niemand gesehen hat.

(3) Gleich geht es los!
sagten im Kaufhaus Dronten
drei Tanten
und rannten Heim, so schnell sie konnten.

(4) Da fuhr ein Blitz
mit hellichtem Schein,
zickzack,
blitzschnell
in einen Alleebaum hinein.

(5) Und ein Donner schmetterte hinterdrein,
als würden dreißig Drachen
auf Kommando lachen,
um die Welt zu erschrecken.

(6) Alle Katzen in der Stadt
    verkrochen sich
    in die allerhintersten Stubenecken.

(7) Doch jetzt ging ein Platzregen nieder!
    Die Stadt war überall
    nur noch ein einziger Wasserfall.
    Wildbäche waren die Gassen.

(8) Plötzlich war alles vorüber.
    Die Sonne kam wieder
    und blickte vergnügt
    auf die Dächer, die nassen.

(Aus: Josef *Guggenmos,* Ich will dir was verraten, Beltz Verlag, Weinheim und Basel 1992, Programm Beltz & Gelberg, Weinheim)

Laß Deine Bilder nun immer mehr in den Hintergrund treten, bis sie ganz verschwunden sind

– bereite Dich dann darauf vor, hierher in den Raum zurückzukommen, wo Du gemeinsam mit allen anderen hier, den Worten und Geschehnissen des Gewittergedichtes mit Deinem Körper Gestalt geben kannst

– Du wirst das Dir jeweils Wichtige des Inhalts

– stellst es dar und kannst dabei Deine Stimme mit benutzen

– wenn gleich die Klangschale ertönt, zähle von 10 bis 0, räkle Dich wohlig und setz Dich auf...

(Es ist ratsam, das Gestalten des Gedichtes mit dem Körper zweimal durchzuführen; oft können dann Ideen und Darstellungen deutlicher zum Ausdruck gebracht werden)

Musik: Waldkonzert; Nr. 3 (Frühling-Waldbach) (8:33 Min.).
              ergo Spectrum

II. Symbole

20. Das Bild in der Galerie

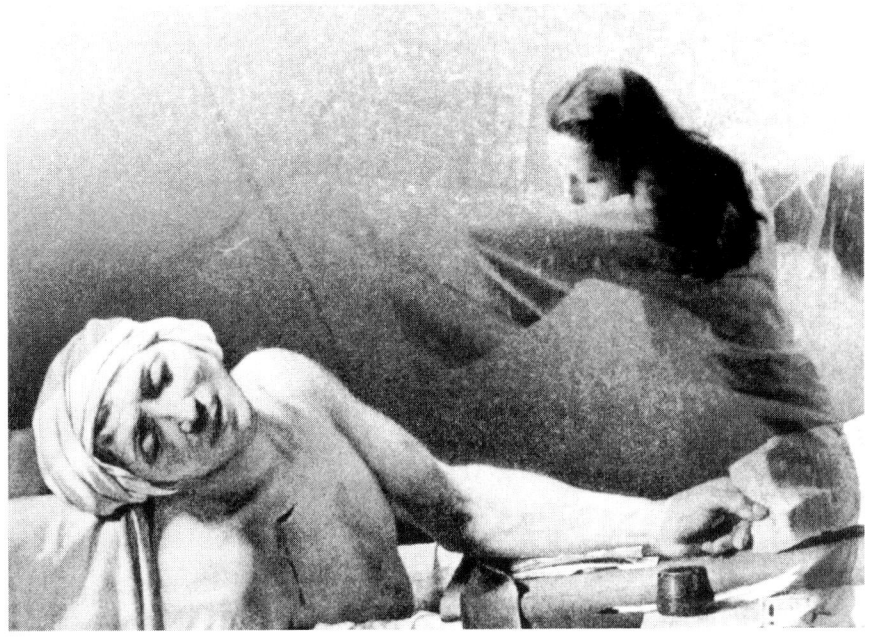

Genieße Deine Entspannung

– sei ganz in Deiner Ruhe

– und in dieser Ruhe ist es vielleicht möglich, Dir vorzustellen, wie kreativ Du sein kannst

– ein deutliches Gefühl für alle Deine kreativen Möglichkeiten

– einiges schlummert vielleicht noch und wartet darauf, daß Du es hervorrufst –

– laß nun vor Deinem inneren Auge ein Portal erscheinen

– eine große Tür, die zu einem großen öffentlichen Haus gehört

– schau Dir dieses Portal genau an

– was ist besonderes daran

- was fällt Dir auf
- es ist das Portal zu einer Gemäldegalerie
- vielleicht wirst Du neugierig
- und dann entschließt Du Dich einzutreten
- öffne die Tür und tritt ein
- Du stehst in einem Raum, rechts und links gibt es offene Türen, und Du kannst sehen, daß sie in andere Räume führen
- was für eine Atmosphäre empfängt Dich
- kannst Du etwas hören?
- vielleicht riechen?
- wie ist der Raum beschaffen, in dem Du Dich jetzt befindest
- wende Dich nun nach links und betritt den ersten Raum –

Musikeinsatz 1

Auf die Musik sprechen:

Gehe nun durch die Räume und schau Dir die Bilder an
- nimm dabei wahr, welche Gemälde Dich besonders ansprechen
- und warum
- Du hast dazu solange Zeit, wie diese Musik erklingt – –

Nach Musikende:

Viele Bilder hast Du gesehen, manche hast Du vielleicht in dieser Zeit nicht anschauen können
- einige haben Dich vielleicht aus besonderen Gründen angesprochen
- einige hatten vielleicht ein Thema
- andere zeigten vielleicht Personen
- laß nun noch einmal die Bilder vor Deinem Auge aufleuchten, die eine Person zeigten
- und nun entscheide Dich für eines dieser Bilder –
- stell Dich in einiger Entfernung vor dieses Bild hin und schau es Dir noch einmal genau an
- was spricht Dich an diesem Bild besonders an
- was ist besonders an der dargestellten Person
- nimm die Haltung dieser Person wahr
- was für eine Umgebung kannst Du erkennen
- dann laß den Kontakt zu dieser Person immer intensiver werden
- tritt auf das Bild zu

- näher und näher
- bis Du schließlich selbst im Bild bist
- Du bist diese Person
- beginne ihre Gefühle wahrzunehmen
- identifiziere Dich ganz mit dieser Person
- schau Dich um, und nimm dabei die Umgebung, in der Du Dich befindest, deutlich wahr
- mit der nun gleich einsetzenden Musik, kannst Du Dich nun in dem Hintergrund bewegen
- kannst wahrnehmen, wie diese Person sich bewegt, was sie fühlt
- was sie erlebt –

Musikeinsatz 2

Verabschiede Dich nun von dieser Person

- tritt wieder heraus aus dem Bild
- dreh Dich noch einmal um und schau die Person auf dem Bild noch einmal an
- wie geht es Dir jetzt mit dieser Person
- welche Empfindungen hast Du für sie
- und wenn Du es noch nicht getan haben solltest, dann gib diesem Bild jetzt einen Namen
- nun entferne Dich immer mehr von dem Bild
- das Bild verschwindet nun ganz aus Deinem Blick
- die erfahrenen Gefühle, Bewegungen und Begegnungen bleiben Dir jedoch erhalten –
- bereite Dich dann darauf vor, hierher in den Raum zurückzukommen, wo Du die Gelegenheit hast, die Bewegungsvielfalt Deiner Person auf dem Bild, deren Gefühle und vielleicht Erlebnisse noch einmal zu erleben, sie körperlich für Dich sicht- und fühlbar werden zu lassen
- Wenn gleich die Klangschale ertönt, zähle von 10 bis 0, räkle Dich wohlig und setz Dich auf...

Musik 1: Paul Winter: Sun Singer; Nr. 1 (4:03 Min.).
Living Music Records

Musik 2: Dream Machine; Nr. 9 (5:55 Min.). Digit Music

21. Statue

Stell Dir vor, Du befindest Dich in einem dunklen Raum, dessen Aus-
maße Du nicht recht erkennen kannst

- es ist schummerig und alles, was Du ausmachen kannst, ist, daß vor
  Dir eine Skulptur steht
- so wie in einem Museum
- Sie stellt eine Person dar
- allmählich wird es etwas heller und die Umrisse dieser Skulptur,
  dieser Figur werden etwas deutlicher
- schau in dieses halbdunkel und erkenne, was Du wahrnehmen
  kannst
- Größe
- Form
- Gestalt
- Haltung

- und als es nun heller und heller wird
- kannst Du nun auch erkennen, aus welchem Material diese Figur gefertigt ist
- Du kannst Einzelheiten entdecken
- Du kannst nun auch um diese Figur herumgehen und sie von allen Seiten betrachten
- und nun kannst Du sie auch berühren
- Oberfläche
- Beschaffenheit
- Material
- Formen
- was fühlst Du?
- dann stell Dich genau vor die Figur
- nimm intensiven Kontakt mit ihr auf
- und nun werde zu dieser Figur
- Du bist diese Figur
- wie fühlt sich das an?
- Nimm genau Deine Haltung wahr
- Was empfindest Du als diese Figur?
- und mit der nun gleich einsetzenden Musik kannst Du Dich bewegen als diese Figur
- erst sehr behutsam und neugierig auf Deine Bewegungen
- bleibe immer diese Figur
- entdecke die Bewegungen
- bleibe sehr bewußt dabei
- bis die Musik verklingt –

Musikeinsatz 1

Musikende:

Bleibe nun wieder stehen

- erstarre
- löse Dich wieder aus der Figur und werde Du selbst
- Schau Dir noch einmal die Figur an
- hat sich für Dich etwas verändert?

- Was für Gefühle hast Du ihr gegenüber?
- Und nun siehst Du, wie diese Figur sich mehr und mehr von Dir entfernt
- laß sie gehen
- die Gefühle und die Bewegungen, die Du mit dieser Figur verbindest, bleiben Dir erhalten
- bereite Dich nun darauf vor hierher in den Raum zurückzukehren, wo Du die Gelegenheit hast, diese Statue noch einmal körperlich zu erleben und ihre Bewegungen erfahren
- wenn gleich die Klangschale ertönt, zähle von 10 bis 0, räkele Dich wohlig, und setz Dich auf....

Musik: Schwingungen; Nr. 7 (2x) (3:02+3:02 Min.). Sky CD 32/103-104

22. Trolltanz

Lasse nun in Deiner Vorstellung eine Landschaft entstehen

– Hügel

– grün bewaldet

– in der Ferne auch höhere Berge

– teilweise noch mit Schnee bedeckt

– irgendwo kannst Du vielleicht auch einen See entdecken

– mit der nun folgenden Musik schaue weit übers Land und genieße

– nimm wahr, ob Du etwas riechen und hören kannst

– nimm dabei Deine Gefühle wahr –

Musikeinsatz 1

Und nun öffne Dich für die Vorstellung, daß Du in das Innere eines Berges eintrittst

– es gibt dort Höhlen und Gänge und was sonst so ein Berg noch verbirgt

– entdecke Dir mit all Deinen Sinnen diese Welt dieses Berges

– die nächste Musik wird Dich dabei unterstützen in Deiner Vorstellung –

Musikeinsatz 2

Finde Dich nun ein in einer großen Höhle

– sie ist riesig und hat in der Mitte viel Platz, fast wie ein riesiger Saal

– hier lebst Du

– Du bist einer der vielen kleinen Höhlenbewohner – auch Trolle genannt – hier ist Dein Zuhause

– mit der nun folgenden Musik wagst Du Dich immer mehr aus Deinem Versteck und zeigst Dich

– heute ist ein besonderer Tag, an dem sich alle Trolle, die in diesem Berg wohnen zu einem Fest versammeln

– Nimm wahr, wie Du Dich bewegst

– erkunde Deine Bewegungsvielfalt

– es zeigen sich nach und nach immer mehr Trolle, die sich in dieser Höhle begegnen –

Musikeinsatz 3

Auf die Musik sprechen nach 2. Wiederholung von Teil 1:

Und schließlich kommt es ohne besondere Absprache zu einem Tanz der Trolle, der mit zunehmender Musik auch immer intensiver wird

- ein ausgelassener, wilder Tanz der Bergbewohner
- nimm Dich dabei wahr
- spüre Deine Bewegungen in Deinem Tanz –

Musikende:

Bleibe in der Vorstellung noch einen Moment an dem Platz stehen, an dem Du Deinen Tanz beendet hast und spüre nach, was Du soeben erlebt und gefühlt hast

- und nun lasse diese Höhle und die Trolle allmählich aus Deiner Vorstellung verschwinden
- sie entfernen sich mehr und mehr
- Du wirst nun gleich hierher in den Raum zurückkommen, wo Du die Gelegenheit hast die Bewegungen Deines Trolles im Tanz nachzuspüren
- wenn gleich die Klangschale ertönt, zähle von 10 bis 0, räkle Dich wohlig und setz Dich auf...

Musik 1: Edvard Grieg: Peer Gynt Suite op. 23, Nr. 6 (Morgenstimmung), (4:18 Min.); Philips 411038-2

Musik 2: Tibetan Bells II; Nr. 8 (3:39 Min.). Celestial Harmonies, CD Cel 005

Musik 3: Edvard Grieg: Peer Gynt Suite op. 23, Nr. 3 (in der Halle des Bergkönigs, (2:20 Min.)

23. Maskenball

Nimm Dich wahr in Deiner Ruhe

- genieße die Entspannung
- sie ermöglicht Dir vielleicht, all Deine Möglichkeiten Deiner Phantasiewelt zu erahnen
- und so öffne Dich für die Vorstellung: es ist Abend
- Du gehst in der Dämmerung einen Weg entlang in einer Dir unbekannten Landschaft
- Wie sieht diese Landschaft aus?
- kannst Du etwas hören?
- etwas riechen?
- langsam wird es dunkel
- da siehst Du plötzlich in einiger Entfernung Lichter und die schemenhaften Umrisse einer Burg oder eines Schlosses.
- Du wirst neugierig und gehst weiter in diese Richtung.
- Als Du näherkommst, hörst Du leise Musik –

Musikeinsatz 1 (leise)

Auf die Musik sprechen:

Jetzt kannst Du den Eingang erkennen, er ist hell erleuchtet

- Du möchtest gerne wissen, was vor sich geht
- ohne erkannt zu werden.
- So schleichst Du Dich außen zu einem Fenster
- und schaust hinein –

(Musik etwas lauter):

Du siehst, daß drinnen ein Maskenball im Gange ist.

- Verschwommen kannst Du einige Masken erkennen

Musikende:

Und als Du wieder zu Boden schaust, flattert Dir eine Karte zu Füßen.

- Du hebst sie auf und liest: „Einladung zum Maskenball".
- Du entschließt Dich, die Einladung anzunehmen
- Du gehst in Richtung Eingang
- Während Du die Stufen hinaufgehst, öffnet sich das Portal.

- Du trittst ein und stehst unvermittelt jemandem gegenüber.
- Er oder sie kommt Dir irgendwie bekannt, und dann doch wieder nicht
- Du bist sehr angezogen von dieser Erscheinung und schaust sie Dir genau an: ihren Ausdruck
- ihre Haltung
- ihre Kleidung.
- Ist es ein Mann oder eine Frau?
- Wie alt ist sie?
- Plötzlich wird Dir bewußt, daß Du Dir selbst in einem Spiegel gegenüberstehst
- Du bist es selbst in Deiner Maske für diesen Abend.
- In diesem Moment spürst Du, wie Deine Kleidung, Deine Haare sich in dieser Maske anfühlen
- Und schließlich trittst Du ein
- überläßt Dich der Musik
- dem Treiben
- Deiner Maske
- nimm Deine Bewegungen wahr als die Maske
- vielleicht spürst Du Dich im Tanz
- begegnest den anderen Masken
- Du überläßt Dich dem Maskenball –

Musikeinsatz 2

Musikende:

Spüre Dich noch eine zeitlang

- wie fühlt sich Dein Körper in dieser Maske an?
- was ist besonders an Deinen Bewegungen?
- wie hast Du getanzt?
- und dann verabschiede Dich von anderen Masken
- von Deiner Maske, die Dir vielleicht vertraut geworden ist
- und bereite Dich darauf vor, gleich hierher in den Raum zurückzukommen, wo Du Deiner Maske nun körperlich Ausdruck verleihen kannst zu der eben gehörten Musik des Maskenballs

– wenn gleich die Klangschale ertönt, zähle von 10 bis 0, räkle Dich wohlig und setz Dich auf...

Musik 1: G.F. Händel: Wassermusik, Nr. 1 (ca. 4 Min.)

Musik 2: Andrew Lloyd Webber: Variations Nr. 5-7 (5:22 Min.). Philips 420342-2

24. Theaterfundus

Nimm Dich wahr in Deiner Entspannung
- *Ruhe und Entspannung*
- manch ein Traum kann in Deiner Vorstellung in solch einer Ruhe Wirklichkeit werden
- Stelle Dir vor Deinem inneren Auge ein Theater vor
- was für ein Gebäude ist es?
- alt?
- modern?
- wo steht es?
- und dann betritt Dein Theater diesmal durch den Künstlereingang
- geh hinein in Dein Theater, diesmal nicht in den Zuschauerraum, sondern die Treppen immer weiter hinauf
- bis unters Dach
- dort befindet sich der sogenannte Fundus
- öffne die Tür
- eine Tür, die den kostbaren Inhalt gegen Feuer schützen soll
- und tritt ein
- es gibt mehrere Räume in diesem Fundus
- verschiedene Räume beherbergen unzählige Kostüme aus verschiedenen Zeiten, Stilepochen, Theater- und Opernproduktionen
- die Räume sind nach Stilepochen geordnet
- suche Dir nun eine Epoche aus
- geh in den entsprechenden Raum hinein
- schau Dir all die Kostüme an
- und schließlich entscheide Dich für eines –
- es hängt nun vor Dir an der Wand
- betrachte es genau
- wie sieht es aus?
- was ist Besonderes daran?
- Was spricht Dich besonders daran an?

- Und nun streife dieses Kostüm über
- betrachte Dich in dem Dir gegenüberstehenden Spiegel
- es wird wie eine Haut für Dich
- Du wirst eine Einheit mit dem Kostüm
- schlüpfe in die Rolle des Kostüms und gib Dir einen Namen
- und nun geh hinunter auf die Bühne
- sie steht leer
- gibt es Zuschauer oder bist Du allein?

Musikeinsatz 1

Auf die Musik sprechen:

Beginne Dich nun in Deinem Kostüm, in Deiner Rolle zu bewegen

- erst sehr behutsam
- bewußt nimmst Du all Deine Bewegungen wahr
- und auch die andere Art der Bewegung
- erprobe die Vielfalt
- die verschiedenen Ebenen
- oben
- mittel
- tief
- und bleibe immer in Deiner Rolle –

Musikende:

Mit der gleich einsetzenden Musik beginne nun die Bewegungsvielfalt weiter zu erkunden

- spüre Dich, wie Du als diese Person tanzt
- laß Diesen Tanz deutlicher und deutlicher werden
- und fühl Dich gut ein in diese Person, die Rolle, die da nun ausgelassen tanzt
- nimm Dich dabei gut wahr –

Musikeinsatz 2

Musikende:

Mit dem Verklingen der Musik bleibe einen Moment ruhig stehen und spüre nach, wie es Dir eben tanzend ergangen ist.

- Was ist Dir besonders aufgefallen an Dir und Deinen Bewegungen?
- nimm auch wahr, wie es für Dich ist, auf einer Bühne zu stehen
- und nun zieh Dein Kostüm aus
- leg´ es auf die Bühne nieder
- entferne Dich immer mehr davon
- von der Bühne
- vom Theater
- wenn auch alles nun aus Deinem Blickfeld verschwindet, kannst Du Dich doch an Deine Bewegungen, an Deinen Tanz in Deiner Rolle erinnern
- sei nun bereit gleich in den Raum hierher zurückzukommen, wo Du die Bewegungen und den Tanz Deines Kostüms, Deiner Rolle körperlich noch einmal erfahren kannst
- wenn gleich die Klangschale ertönt, zähle von 10 bis 0, räkle Dich wohlig und setz Dich auf...

Musik 1: David Mingye Liang: Dream of a Butterfly; Nr. 1 (4:13 Min.). Tao, 68.928

Musik 2: Giora Feidmann: die singende Klarinette; Nr. 3 (4:13 Min.). Verlag „Pläne", Dortmund

25. Schmetterlingstanz

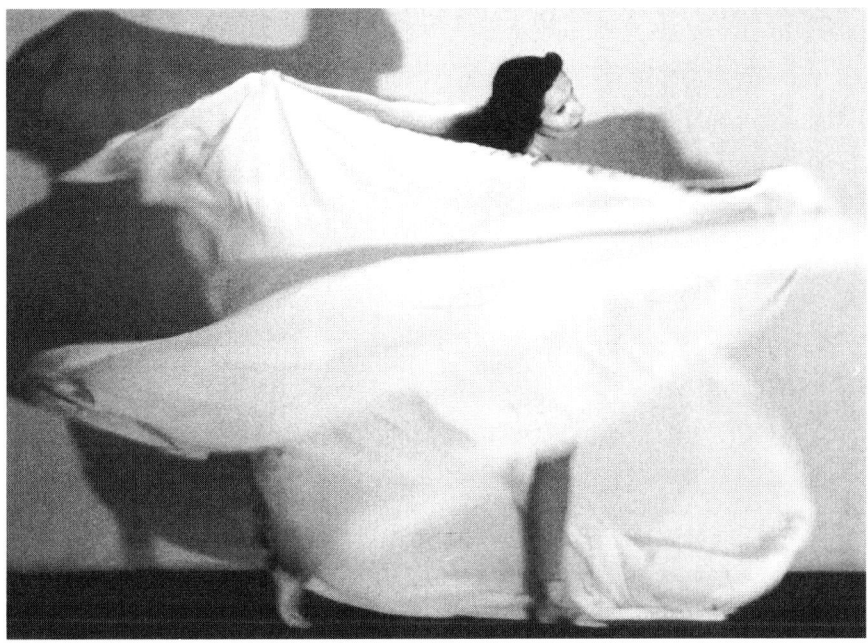

Nimm Dich wahr in diesem entspannten Zustand

– ganz bei Dir

– ganz in Deiner Ruhe

– spüre Deinen Körper als ein Ganzes

– vielleicht spürst Du auch, wie wohltuend es ist, Dich in Deinem Körper zuhause zu fühlen

– sei ganz bei Dir zuhause

– spüre Dich wie in einem Kokon, zart mit Seidenfäden umsponnen

– ein idealer Schutz

– vielleicht gibt Dir dieses Kokon ein einmaliges Gefühl von Geborgenheit

– fühl Dich ganz ein in diesen Zustand des Umhülltseins, des Geborgenseins, des Zuhauseseins

- ganz in der Ruhe
- erlebe Dich so für einen Moment lang
- so lange, wie die folgende Musik erklingt –

Musikeinsatz 1

Allmählich spürst Du ein wenig Unruhe in Dir, in diesem Kokon

- und Du weißt, daß es Zeit wird
- werden darf
- daß Du dieses Kokon weitest, Dir mehr Raum nimmst
- ihn dehnst
- und ihn schließlich zerreißt
- vielleicht ist es auch ein Stück befreiend für Dich
- nimm alle Deine Gefühle wahr in dieser Befreiung
- nun hast Du allen Raum zur Verfügung, den Du brauchst
- Du darfst die ersten Bewegungen machen
- größer und größer
- mutiger und mutiger
- und als Du spürst, daß Dir nun wirklich aller Raum zur Verfügung steht, spürst Du vielleicht eine kaum mehr zu bändigende Lust zu aller Bewegung, die Dir in Deiner Vorstellung möglich sind
- laß dann Raum, Freude, Freiheit zu einem Tanz werden
- erobere Dir den ganzen Raum um Dich herum durch Deinen Tanz
- vielleicht erlebst Du in einer ungeahnten Art und Weise Deine ganze Lebendigkeit
- laß sie für Dich sicht- und fühlbar werden, so lange die nächste Musik erklingt

Musikeinsatz 2

Spüre noch einmal nach, wie und was Dir in Deiner Vorstellung an Bewegung und Tanz möglich war

- wie fühlst Du Dich jetzt?
- Bereite Dich nun vor, hierher in diesen Raum zurückzukommen
- bringe Deine Erlebnisse und Gefühle mit
- und lasse alles hier Gestalt annehmen

114

- erlebe Dich zuerst in Deinem Kokon. Nach der Weitung und Befreiung entdecke ganz vorsichtig Deine Beweglichkeit und erlaube Dir dann die ganze Weite Deines Raumes mit Deinem Tanz zu erfüllen
- Wenn gleich die Klangschale ertönt, zähle von 10 bis 0, räkle Dich wohlig und setz Dich auf...

Musik 1: Peter Seiler auf: Dream Machine; Nr. 10 (4:04 Min.).
Digit Music

Musik 2: Paul Winter: Sun singer; Nr. 5 (5:11 Min.).
Living Music Records

26. Clown

Genieße die Dich nun erfüllende Ruhe

– laß Dich mehr und mehr in Deine Entspannung ein
– eine Ruhe und Entspannung in der alles Platz hat
– Nachdenkliches
– Weites
– Vielfältiges
– Heiteres
– folge nun Deiner inneren Vorstellungswelt
– Du stehst vor einer Tür, die Dir noch den Zugang in ein Haus versperrt
– schau Dir diese Tür genau an
– was ist besonderes an ihr
– vielleicht hast Du besondere Gefühle, wenn Du die Tür so betrachtest
– und dann ergreife die Türklinke und öffne die Tür
– tritt ein in dieses Haus
– Du hattest vielleicht bestimmte Erwartungen, was Du in diesem Haus vorfinden würdest
– doch als Du jetzt in dem Haus stehst, findest Du einen großen Raum vor
– an den Wänden des Raumes hängen viele Spiegel, in denen Du Dich ganz sehen kannst
– für die Dauer der nun gleich beginnenden Musik geh herum und betrachte Dich in den Spiegeln, nimm dabei wahr, wie unterschiedlich die Spiegelbilder sind, die Du von Dir siehst –

Musikeinsatz 1

Vielleicht meinst Du, in alle Spiegel geschaut zu haben

– doch dann entdeckst Du eine Spiegel, den Du bisher übersehen hast
– geh dorthin und stell Dich vor ihn hin
– und als Du Dich dort im Spiegel betrachtest, merkst Du, wie sich Dein Aussehen verändert
– Dein Gesicht sieht aus, als wenn es geschminkt wurde

- Du erkennst das Gesicht eines Clowns
- schau Dein Clowngesicht an, wie ist es angemalt?
- welche Ausstrahlung geht von ihm aus?
- was für ein Ausdruck übermittelt es Dir?
- und dann schau an Deinem Clownspiegelbild herunter und nimm wahr, wie Du gekleidet bist
- und nun beobachte die Körperhaltung Deines Spiegelbildes, wie steht er da
- und da es nun eh immer schwieriger wird zu unterscheiden, ob es Dein Spiegelbild ist oder Du selbst, tritt hinein in den Spiegel und sei Du selbst
- nimm Dich wahr in Deiner Haltung des Clowns, in dieser Kleidung mit diesem angemalten Gesicht –
- Die nun gleich einsetzende Musik möchte Dich einladen, Dich in Deiner Bewegungsvielfalt als Clown kennenzulernen
- alle Nuancen Deines Clownseins zu erfahren
- in der Bewegung und dann im Tanz –

Musikeinsatz 2

Vielleicht hast Du Dich in Deinem Clownsein ganz neu erfahren
- Vielleicht hast Du Anteile und Bewegungsseiten vor Dir kennengelernt, die Dir bislang recht unbekannt waren
- es sind Seiten von Dir, die Dich auch ausmachen
- die vielleicht gelebt werden möchten
- behalte die Erinnerungen daran und die Gefühle, die Du als Clown wahrgenommen hast
- und laß Deine Bilder mehr und mehr in den Hintergrund treten, bis sie ganz verschwunden sind
- bereite Dich dann darauf vor, hierher in den Raum zurückzukommen, wo Du die Gelegenheit haben wirst, Deine Bewegungsvielfalt und die Gefühle des Clownseins noch einmal zu erleben
- wenn gleich die Klangschale ertönt, zähle von 10 bis 0, räkle Dich wohlig und setz Dich auf...

Musik 1: Thomas Beckmann: Charly Chaplin: Nr. 7 (5:08 Min.). Jaro at New Impression-Serie

Musik 2: M. Mussorski: Bilder einer Ausstellung; Nr. 10, Tanz der Küken (ca. 3 Min.), Decca 414386-2

27. **Eckig – Rund** (Hart – Weich, Kräftig – Schwach)

Fühl Dich geborgen und wohl

– sicher und angenommen
– Höre nun in Dich hinein und erlaube einem sich gleichmäßig wie-
  derholenden Schlag, einem Ton in Dir, deutlich zu werden
– dieser Ton kommt immer wieder
– in gleichmäßigem Abstand
– nimm ihn wahr
– gleichmäßig

- wie auf einer Perlenschnur aufgereiht, die nie zu Ende zu sein scheint
- es kann eine Trommelschlag sein
- vielleicht ein kurzer, scharfer Flötenton
- auf jeden Fall ist dies ein Metrum, dem Du Dich nun überlassen kannst – Erlaube Dir nun in Deiner Phantasie, daß Du Dich zu diesem gleichmäßigen Metrum bewegst
- es sollen eckige Bewegungen sein
- Jeder neue Schlag verändert vielleicht nur einen Körperteil, erlaubt Dir eine neue Richtung
- auf jeden Fall gib Acht, daß es ausschließlich kantige, harte, kräftige Bewegungen sind.
- fühl Dich ein in ein derartiges Bewegungsverhalten
- beobachte Dich
- nimm wahr, wie es Dir dabei geht.

Verabschiede Dich nun von dieser Bewegungsform und von dem immer wiederkehrenden Ton, Deinem Metrum, laß ihn los und spüre für einen Moment die befreiende Ruhe, diesen zeitlosen Raum, der in Dir ist und Dich umgibt – R U H E und W E I T E –

- und aus Deiner Ruhe heraus, nimm Dich wieder wahr, wie Du in weiche, fließende Bewegungen kommst
- zwischendurch innehältst, um Dich dann erneut runden, schwingenden Bewegungsabfolgen einzufühlen
- erlebe Dich in Bögen und Rundungen, in einem Auf und Ab, im Fluß.

Löse Dich nun auch von dieser Möglichkeit der Bewegungsgestaltung und genieße für eine kurze Zeit die Bewegungslosigkeit in einem wohltuenden Raum der Ruhe – R U H E und W E I T E –

Es wird gleich eine Musik erklingen, in der Du von Anfang an einen wiederkehrenden Ton vernehmen kannst. Versuche, ihn anzunehmen und ihn in seiner wiederkehrenden Reihenfolge

- auf seinen verschiedenen Tonhöhen
- zu begleiten
- und erlebe die eckigen Bewegungen dazu, die Du vorhin schon erprobt hast. Jeder neue Schlag eine neue Variante kantiger Bewegungen

– vielleicht eine neue Richtung –

Musikeinsatz (nach der zweiten hohen Sequenz der Orgel hineinsprechen)

Und wenn Du Dich gut eingefühlt hast, ist es Dir vielleicht möglich, die folgenden zarten Töne als Einladung zu erfahren, Dich in runden, schwingenden Bewegen zu erleben

– Weiches und Fließendes zuzulassen.

Gestatte es Dir, daß Du nun immer wechselst von eckigen zu runden, von harten zu weichen, von kräftigen zu schwachen Bewegungen und zurück. Erlebe Dich als derjenige, der zuläßt und sich formen läßt. Nimm die Musik als Medium und erlebe den Gegensatz.

Musikeinsatz

Nun, da die Musik verklungen ist, spüre Deinen Bewegungen noch ein wenig nach

– den harten und weichen, den kräftigen und zarten

– und bereite Dich nun darauf vor hierher in den Raum zurückzukommen, wo Du zu derselben Musik Deinen Bewegungsvorstellungen noch einmal Gestalt mit Deinem Körper geben kannst

– wenn gleich die Klangschale ertönt, zähle von 10 bis 0, räkle Dich wohlig und setz Dich auf ...

Musik: Vangelis: Soil Festivities; Nr. 4 (9:54 Min.). Polydor 823396-2

28. Tier

Nimm Dich in Deiner Entspannung wahr

– angenehm und ruhig

– Du bist bereit für Deine Welt der Phantasie

– und so stell Dir vor, es ist ein wunderschöner Frühlings- (Sommer-, Herbst-)tag

– Es ist angenehm warm

– milder Wind streichelt Deine Wangen

– Ein Tag, so richtig zum wohlfühlen

- zum Leben und Erleben
- vielleicht spürst Du Zuversicht und Mut in Dir
- Mut, Wege zu gehen, die Du bislang noch nicht gegangen bist
- sie warten nur darauf, daß Du sie begehst
- Wähle Dir einen Waldweg aus und folge ihm
- spüre den Boden unter Deinen Füßen
- die laue Luft
- den Geruch des Waldes
- nimm auch die Stimmen des Waldes wahr
- genieße die Freiheit in der Natur zu sein, und diesen Weg entlang zu gehen
- dabei bekommst Du vielleicht eine Ahnung davon, welche Möglichkeiten in Dir noch verborgen sind
- und wie Du so diesen Weg entlang gehst
- Deinen Weg entlang
- wird der Wald um Dich herum dichter und dichter
- und Du mutiger und mutiger
- der Weg wird zu einem Pfad, der sich durch den Wald schlängelt
- Du arbeitest Dich durch die Büsche immer weiter vorwärts
- Deinen Weg entlang
- plötzlich lichtet sich der Wald etwas, und Du stehst auf einer kleinen Lichtung
- und als Du Dich umschaust, siehst Du einen riesigen, bewachsenen Felsen
- Du gehst näher hin und untersuchst ihn
- schau Dir alles genau an
- und als Du etwas um den Felsen herumgehst, bemerkst Du an einer Stelle einen Eingang
- vielleicht zu einer Höhle
- und dann entdeckst Du neben dem Eingang ein Schild: Tierparadies
- Das macht Dich neugierig
- und so zögerst Du nicht, in den Eingang hineinzugehen
- Zuerst ist es dunkel, fast ein bischen unheimlich

– doch dann wird es plötzlich taghell

– Sonnenschein umgibt Dich und Du spürst Dich irgendwie verwandelt –

Musikeinsatz 1

Auf die Musik sprechen:

Und als Du an Dir herunterschaust, bemerkst Du, ohne daß es Dich ängstigt, daß Du Dich in ein Tier verwandelt hast

– welches Tier bist Du

– Du nimmst es mit entspannter Zuneigung einfach zur Kenntnis

– und als dieses Tier gehst Du nun weiter und weiter

– schaust Dich um

– begegnest vielleicht anderen Tieren, die hier, fast paradiesisch, alle zusammenleben

– lasse Begegnungen zu

– nimm einfach wahr, was sich daraus entwickelt

– ob Du Dich wieder trennen möchtest, um anderes zu erleben

– nimm Dich wahr als dieses Tier –

Nach Musikende:

Und da das hier ein Tierparadies ist, beginnen nun zu der gleich einsetzenden Musik alle Tiere zu tanzen

– auch Du kannst Dich dazu bewegen

– erst vorsichtig vielleicht

– doch dann immer mutiger und ausgelassener

– nimm Dich als Tier in Deinem Tanzen wahr –

Musikeinsatz 2

Nach Musikende:

Mit dem Verklingen der Musik kommt auch Dein Tanzen zu einem Ende

– wie fühlst Du Dich jetzt

– und nun begib Dich wieder zum Ausgang zurück

– tritt durch den Eingang

– geh ein paar Schritte und schau Dich noch einmal um

– Du bist jetzt wieder Mensch, in Deinem Körper

- und während Du Dich durch den Wald hindurch zu Deinem Ausgangspunkt begibst, spürst Du vielleicht noch einmal dem Erlebnis im Tierparadies nach

- bereite Dich nun darauf vor, hierher in den Raum zurückzukommen, wo Du die Gelegenheit haben wirst, Dich noch einmal als Tier in seinen Bewegungen und danach in seinem Tanz zu erleben

- wenn gleich die Klangschale ertönt, zähle von 10 bis 0, räkle Dich wohlig und setz Dich auf...

Musik 1: David Parsons: Himalaya; Nr. 4 (10:21 Min.).
Fortuna Records 17059-2

Musik 2: Dream Machine, Nr. 5 (6:20 Min.).
Digit Music

29. Blume

Spüre Dich in Deiner Entspannung

– wie sie alle Räume Deines Körpers erfüllt

– Du kannst jetzt ganz bei Dir und Deinen Phantasiebildern sein

– stell Dir vor, es ist Winterende

– die ersten warmen Sonnenstrahlen treffen auf die Erde und erwärmen sie ganz behutsam

– stell Dir nun einen Ort in der Natur vor, an dem Du gerne sein möchtest

- einen Ort, an dem es grünt, wenn es Frühling wird
- wo ist das ?
- wie sieht es dort aus?
- Suche Dir nun an diesem Ort einen Platz aus und stell Dich dort hinein
- stell Dir nun vor, daß Du selbst zu einem Samenkorn wirst, aus dem heraus sich einmal eine wunderschöne Blume entwickeln wird
- und spüre Dich als dieser Samenkorn in Deinem Platz liegend
- klein
- Du wartest auf den kommenden Frühling
- es ist ruhig um Dich herum
- eine Ruhe voller Erwartungen
- und dann spürst Du die Sonne, wie sie die Erde durchdringt und auch Dich erreicht
- wie fühlt sich die Begegnung mit den wärmenden Strahlen an?
- Vielleicht spürst Du in Dir den Drang zu wachsen
- nach oben
- der Sonne entgegen
- erst ganz zaghaft
- ein kleiner Trieb durchbricht die Hülle und wächst dem Licht entgegen
- schließlich durchstößt Du die Erdoberfläche

Musikeinsatz 1

Auf die Musik sprechen:

Und Du wächst und wächst

- als ob Dich nichts mehr aufhalten kann
- Du bildest die ersten Blätter
- kleine Blätter
- Du entfaltest sie
- und wächst weiter
- auch Wurzeln hast Du inzwischen in die Erde ausgesandt
- sie geben Dir Halt
- Die Sonne wird kräftiger

- und auch Regen, der manchmal niederfällt, bringt Dir über Deine Wurzeln Nahrung
- So wirst Du größer und kräftiger
- entwickelst neue und größere Blätter
- und schließlich sprießt aus Dir eine Knospe – vielleicht auch mehrere – und je wärmer die Sonne Dich bescheint, je mehr Kraft Du von ihr und aus dem Boden erhältst, desto deutlicher verspürst Du den Wunsch zu blühen
- und so öffnet sich Deine Knospe und entwickelt sich zu einer Blüte
- wie fühlst Du Dich jetzt?
- der Frühling ist da und hat mit Dir und den vielen anderen Pflanzen seine Schätze offenbart
- Es ist ein wahres Fest, an dem Du nicht fehlen darfst
- gestatte Dir auf Deinem Platz Dich zu der nun folgenden Musik hin- und herzuwiegen –

Musikeinsatz 2

Nach Musikende:

Und nun liebe Blume, erlaube Dir für einen Festtanz Deinen Platz zu verlassen, um Dich ganz der folgenden Musik hinzugeben

- viele Blumen sind unterwegs
- sie schwingen und tanzen
- sie hüpfen und kreisen
- sie drehen und genießen sich –

Musikeinsatz 3

Nach Musikende:

Dieser Tanz des Frühlings ist das Geschenk der Natur

- jedes Jahr
- So wie Du Dich in Deinem Tanz gefühlt hast, hast Du vielleicht das Wunder des Frühlings, des Neubeginns und der damit verbundenen Kraft in Dir erfahren
- bereite Dich nun darauf vor, hierher in den Raum zurückzukommen, wo Du die Gelegenheit hast das Wachsen, das Schwingen und den Tanz Deiner Blume noch einmal zu erfahren
- Wenn gleich die Klangschale ertönt zähle von 10 bis 0, räkle Dich wohlig und setz Dich auf...

Musik 1: David Mingye Liang: Dream of a butterfly,Nr. 3
(5:21 Min.). Tao 68.928

Musik 2: Deuter: Land of Enchantment; Nr. 8, Kuckuck Schallplatten

Musik 3: Edvard Grieg: Peer Gynt Suite op. 23; Nr. 8 A. Tanz
(3:33 Min.); Philips 411038-2

30. Meine Farbe

Ruhig und entspannt liegst Du nun

- genieße diesen Zustand
- er ermöglicht es Dir, viele von Deinen Phantasien in Deiner Vorstellung, deutlich zu werden
- und so stell Dir nun eine Farbe vor
- irgendeine, die Dir in den Sinn kommt
- welche ist es?
- beobachte, wie diese Farbe wie eine Wolke über Dir schwebt

- nimm Deinen Atem wahr
- und nun, mit jedem Ausatmen, bemerkst Du, wie sich diese Farbe, diese Wolke, sich senkt
- sie berührt und bedeckt Dich
- schließlich umhüllt sie Dich
- streicht sanft über Deine Haut
- nimm sie wahr
- und nun spüre, wie diese Farbe Dich mehr und mehr durchdringt
- Du wirst mehr und mehr diese Farbe
- Du bist diese Farbe
- nimm deutlich wahr, wie es sich anfühlt, diese Farbe zu sein
- mach Dir nun deutlich, was diese Farbe für Dich bedeutet
- vielleicht ist sie ein Symbol für etwas ?
- und mit den beiden nun gleich einsetzenden Musikstücken erlaube Dir, daß Du in Deiner Vorstellung Dich als Farbe bewegst
- erst vorsichtig und behutsam
- dann mutiger und mutiger
- tanze Dich, Deine Farbe
- mit allen Bewegungen, die diese Farbe, die Dich ausmachen –

Musikeinsatz

Nun, da die Musik verklungen ist, spüre noch einmal Deinen Bewegungen als Farbe nach

- mach Dir auch noch einmal deutlich, was sie für Dich bedeutet
- Du, als Teil des Lichtes, machst Leben erst möglich
- bereite Dich nun darauf vor, gleich hierher in den Raum zurückzukommen, wo Du die Gelegenheit hast, den Bewegungen Deiner Farbe noch einmal nachzuspüren, ihnen mit Deinem Körper Ausdruck zu geben
- wenn gleich die Klangschale ertönt, zähle von 10 bis 0, räkle Dich wohlig und setz Dich auf...

Musik: a) Vangelis: Antarctica; Nr. 6

b) Vangelis: Antarctica; Nr. 7. Polydor 815732-2

31. Denkmal

Es ist Ruhe um Dich herum

– Ruhe, die Deine Entspannung noch mehr vertieft

– stell Dir in Deiner Phantasie einen Platz in einem Ort, einem Dorf oder einer Stadt vor

– ein wichtiger und belebter Platz

– dieser Platz ist sozusagen das Herz dieser Stadt, des Dorfes

– Schau Dir den Platz genau an

– wie sind eventuelle Häuser angeordnet?

- Bäume?
- Straßen?
- beobachte die Menschen
- nimm die Atmosphäre dieses Platzes wahr
- nimm auch wahr, was Du für diesen Platz empfindest
- was er Dir vielleicht bedeutet
- und nun beginne Dir vorzustellen, daß mitten auf diesem Platz Raum geschaffen wird für den Sockel eines Denkmals
- der Sockel und ein Podest eines Denkmals sollen installiert werden
- sorge Du für den nötigen Raum, die nötige Grundfläche auf diesem Platz
- wie und wo soll dieses Denkmal stehen?
- dann stell den Sockel dorthin
- darauf das Podest
- und nun das Denkmal selbst
- es ist eine Person –

Musikeinsatz 1

Auf die Musik sprechen:

Stell Dir vor, Du gibst diesem Denkmal eine Gestalt

- wie sieht sie aus?
- wie steht, liegt oder sitzt es?
- in welcher Haltung?
- starr und unbeweglich
- schau es Dir gut an
- geh herum, betrachte es von allen Seiten
- und tritt auf das Denkmal zu, näher und näher
- schließlich sei Du selbst dieses Denkmal und nimm Dich in dieser Gestalt wahr
- spür Dich ein in diese Haltung
- wie fühlt es sich an?
- was empfindest Du dabei?

– vielleicht kannst Du die Aussage des Denkmals in Dir spüren –

Musikeinsatz 2

Auf die Musik sprechen:

Es wird Abend auf diesem Platz

– Nacht
– der Platz wird menschenleer
– ruhig
– friedlich
– es ist die Zeit, in der Du von Deinem Sockel heruntersteigen darfst
– Du kannst Dich bewegen, bleibst jedoch immer noch das Denkmal
– es kann sich nun in Deinen Bewegungen wahrnehmen
– es ist die andere Seite des Denkmals, ein anderer wichtiger Teil dieser Statue
– immer vorhanden doch nicht immer sichtbar
– es ist der heimlichste Wunsch des sonst starr stehenden Denkmals
– beginne also, Dich zu bewegen
– nimm wieder wahr, wie es sich anfühlt –

Musikeinsatz 3

Auf die Musik sprechen:

Von fern erklingt nun Musik und der ewige Wunsch des Denkmals darf Wahrheit werden

– die Statue darf tanzen
– behutsam und vorsichtig versuchst Du die ersten Schritte – –
– es macht Dir mehr und mehr Freude – –
– Du wirst mutiger und mutiger
– schließlich überläßt Du Dich ganz der Musik und gibst diesem ewigen Wunsch nach
– Deine ganze Starrheit darf sich befreien
– Du gibst Dich ganz der Musik hin

Musikeinsatz 4

Es ist wieder Stille auf dem Platz

– und Du weißt, es ist Zeit zurück zu gehen auf Dein Podest

- begib Dich also zurück zu Deinem Ort
- auf das Podest
- nimm Deine Haltung wieder ein
- unbeweglich
- starr
- bereit für den Tag –

Musikende:

Spüre Dich noch einmal in der Haltung des Denkmals

- vielleicht ist Dir durch die Möglichkeit der Bewegung etwas deutlich geworden?
- laß nun Deine Bilder kleiner und kleiner werden, bis sie ganz verschwunden sind
- bereite Dich dann darauf vor, hierher in den Raum zurückzukommen, wo Dein Denkmal und dessen Bewegung, dessen Tanz nun gleich Wirklichkeit werden können
- wenn gleich die Klangschale ertönt zähle von 10 bis 0, räkle Dich wohlig und setz Dich auf ...

Musik 1: F. Lorentzen: Centering; Nr. 4 (davon ca. 2 Min.). Foenix Music

Musik 2: Blue Chip Orchestra; Nr. 11 (3:34 Min.). Erdenklang, Intercord

Musik 3: Vangelis: Odes; Nr. 3 (+ Wiederholung der 2. Hälfte) (ca. 8 Min.), Polydor 833864-2

Musik 4: wie Musik 1

III. Tanz als Ergebnis/Reaktion/Gefühle

32. Mein Schutzengel

Die Dich erfüllende Ruhe und Entspannung ermöglichen Dir nun, viele von Deinen Phantasien in Dir deutlich werden zu lassen

- und so stell Dir vor, es ist mal wieder einer von diesen grauen Tagen
- die Stimmung ist irgendwie merkwürdig

- alles ist so seltsam
- Du fühlst Dich irgendwie nicht gut, weißt aber überhaupt nicht warum
- und so entschließt Du Dich rauszugehen
- Du ziehst Dich warm an und verläßt das Haus
- Du gehst los
- ohne Ziel
- einfach nur immer weiter
- schau, wohin Du gehst und was Dir begegnet
- nimm wahr, was Du fühlst
- und wie Du so weitergehst, spürst Du plötzlich, daß Du nicht allein gehst
- jemand ist bei Dir und Deine Stimmung bessert sich plötzlich
- Du weißt noch nicht wer bei Dir ist, doch Du spürst, wie sich Dein Befinden zunehmend verändert
- vielleicht nicht mehr so allein, so traurig, so deprimiert
- und Du stellst plötzlich fest, daß Du Dich auf dem Weg zu einem Ort befindest, von dem Du weißt, daß er Dir gut tut
- dort hast Du schon viele angenehme Erfahrungen gemacht
- viele schöne Erinnerungen verbinden Dich mit diesem Ort
- schließlich bist Du dort angekommen
- schau Dich um
- was nimmst Du wahr?
- was siehst Du?
- wie geht es Dir jetzt?
- und nun weißt Du auch, wer bei Dir ist
- es ist Dein Schutzengel
- nicht sichtbar, aber deutlich wahrnehmbar
- er weiß um Dich
- er kennt Dich
- er begleitet Dich
- vielleicht hast Du für ihn auch einen Namen
- und als Du seine Präsens so richtig erfaßt hast, ertönt nun Musik

136

– Du weißt nicht recht woher sie kommt, vom Engel selbst?

– nimm deutlich wahr, was mit Dir, mit euch geschieht

Musikeinsatz 1

Nimm wahr, wie es Dir jetzt geht

– wie fühlt es sich in Deinem Körper jetzt an –

– die nächste Musik gibt Dir nun die Möglichkeit, Dich mit Deinem Körper so auszudrücken, wie es Dir im Moment entspricht

– gib Deinem inneren Zustand eine Form in Bewegung

– vielleicht paßt die Musik nicht ganz zu Deinem momentanen Empfinden, versuche trotzdem, Dich von ihr geleiten zu lassen

– ermögliche Dir eine deutliche Ausdrucksweise mit Deinem Körper

– nimm Dich dabei wahr –

Musikeinsatz 2

Die Musik ist verklungen

– vielleicht wird Dir plötzlich bewußt, zu was Dich Dein Schutzengel ermutigt

– etwas, was in Angriff genommen werden kann und soll

– was getan werden kann

– die Wahrnehmung Deiner Gefühle und Deines Körpers bleibt Dir erhalten

– so wirst Du nun gleich die Möglichkeit haben zur Begegnung mit der Schutzengel-Musik und danach ist Zeit und Raum die erlebte Gefühlsqualität mit Deinem Körper auszudrücken

– wenn gleich die Klangschale ertönt, zähle von 10 bis 0, räkle Dich wohlig und setz Dich auf...

Musik 1: Vangelis: Direct; Nr. 6

Musik 2: Vangelis: Direct; Nr. 8. Arista

33. Dank an meinen Körper

(Für diese Phantasiereise die Entspannung kürzer und zügiger gestalten)

Ich lade Dich nun zu einer anderen Art von Reise ein, eine Reise durch Deinen Körper:

– beginne bei Deinen Füßen

– mache Dir bewußt, daß sie Deinen Standflächen sind

– Dir ermöglichen, den Boden unter Dir zu spüren und den Grund betreten und bestellen zu können

– aus Knochen und Muskeln gefertigt

– mache Dir bewußt, was Du an ihnen hast, was sie Dir wert sind

– wofür möchtest Du ihnen danken?

– spüre jetzt Deine Beine

– mit ihnen kannst Du Deinen Körper vom Platz bewegen

– kannst gehen, laufen und springen

– kannst tanzen und vieles mehr

– mache Dir bewußt, was Du an ihnen hast, was sie Dir wert sind

– wofür möchtest Du ihnen danken?

– spüre Dein Becken

– das Zentrum Deines Leibes, Deines Lebens

– Quelle von Freude und Lust

– Ort der Reinigung

– Ort der Energie

– mache Dir bewußt, was Du an Deinem Becken hast, was es Dir wert ist

– wofür möchtest Du ihm danken?

– spüre Deine Wirbelsäule

– sie ermöglicht mit den Muskeln gemeinsam Deine Aufrichtung

– hält Dich gerade zwischen Himmel und Erde

– ist Hülle für Nerven und Energie

– flexibel und doch stark

– mache Dir bewußt, was Du an ihr hast, was sie Dir wert ist

- wofür möchtest Du ihr danken?
- spüre Deinen Brustkorb
- diese Schutzhülle aus Knochen und Muskeln, die so wichtige Organe schützt
- die Lunge, die das Atmen ermöglicht
- das Herz, das das Blut in Umlauf bringt
- beweglich ist der Brustkorb und ein kräftiger Schutz
- mache Dir deutlich, was Du an ihm hast, was er Dir wert ist
- wofür möchtest Du ihm danken? –
- spüre Deine Arme
- und Deine Hände
- Werkzeuge des Bewegens und Ergreifens
- Geschenk, um zu lernen
- zu berühren, liebkosen, nehmen und geben
- Wunder der Natur im mechanischem Zusammenspiel
- mache Dir bewußt, was die Arme und Hände Dir wert sind
- wofür möchtest Du ihnen danken? –
- spüre Deinen Kopf
- Wunderwerk der Evolution
- mit Deinen Augen – zum Sehen
- mit Deiner Nase – zum riechen
- mit Deinem Mund – zum Sprechen
- mit Deinen Ohren – zum Hören
- mit Deinem Gehirn – zum Denken
- alles geschützt und wohlgeformt
- wohlgeordnet
- mache Dir bewußt, was Du an all dem in und am Kopf hast, was der Kopf Dir wert ist
- wofür möchtest Du ihm danken? –
- spüre Dich nun noch einmal als ganzer Mensch
- in Deiner Harmonie und Schönheit
- Körper und Geist
- Wunder der Seele

- und dann laß vor Deinem inneren Auge eine Geste erscheinen, mit der Du Deinen Dank, Deine Ehrfurcht ausdrücken möchtest
- und laß dann zu der gleich beginnenden Musik diese Haltung in Bewegung kommen
- spüre Dich dabei in Deinem Tanz des Dankes und der Ehrfurcht –

Musikeinsatz

Behalte dieses Gefühl für Deinen Körper

- auch das Gefühl für Deinen Tanz geht Dir nicht verloren
- bereite Dich dann darauf vor, hierher in den Raum zurückzukommen, wo Du die Möglichkeit hast Deine Haltung und dann Deinen Tanz des Dankes und der Ehrfurcht noch einmal körperlich zu erleben und auszudrücken
- wenn gleich die Klangschale ertönt, zähle von 10 bis 0, räkle Dich wohlig und setz Dich auf...

Musik: Vangelis: Direct Nr. 3 (5 Min.). Arista

Literatur

Amman, A.N.: Aktive Imagination, Olten 1978

Araoz, Daniel L.: Die neue Hypnose, Paderborn 1989

Berendt, Joachim-Ernst: Das dritte Ohr, Hamburg 1985

Brooks, Charles V.W.: Erleben durch die Sinne, Paderborn 1985

Decker-Voigt, Hans-Helmut: Aus der Seele gespielt, München 1991

Diehl, Bernhard J.M.: Autogenes Training und gestufte Hypnose, Berlin 1987

Dürckheim, Karlfried Graf: Mein Weg zur Mitte, Freiburg i.Br.1985

Eberspächer, Hans: Mentale Trainingsformen in der Praxis, Oberhaching 1990

Feldenkrais, Moshe: Bewußtheit durch Bewegung, Frankfurt 1978

Feldenkrais, Moshe: Die Entdeckung des Selbstverständlichen, Frankfurt 1987

Friedrich, Sabine/*Friebel*, Volker: Entspannung für Kinder, Hamburg 1989

Furth, Gregg M.: Heilen durch Malen, Freiburg i. Br. 1991

Gauß, Günther: Heilmeditationen für Krebskranke, Frankfurt 1991

Gawain, Shakti: Stell Dir vor, Hamburg 1987

Graevenitz, Jutta v. (Hrsg.): Bedeutung und Deutung des Traumes in der Psychotherapie, Darmstadt 1990

Guggenmos, Josef: Ich will dir was verraten, Weinheim und Basel 1992

Hamel, Peter Michael: Durch Musik zum Selbst, München 1986

Hanslick, Eduard: Vom Musikalisch-Schönen, Darmstadt 1981

Harnisch, Günther: Träume lösen Lebenskrisen, Freiburg i.Br. 1985

Harnisch, Günther: Vertrau Dich Deinen Träumen an, Freiburg i.Br. 1986

Harnisch, Günther: Meditieren mit Phantasie, Freiburg i.Br. 1987

Heuermann, Michael: Musik-Bewegung-Gestaltung, Dortmund 1992

Hörmann, Karl: Durch Tanzen zum eigenen Selbst, München 1991

Kast, Verena: Imagination als Raum der Freiheit, Freiburg i.Br. 1989

Kast, Verena: Die Dynamik der Symbole, Freiburg i.Br. 1990

Klein, Petra: Tanztherapie, Suderburg 1987

Klein, Michael (Hrsg.): Tanzforschung, Jahrbuch Band 1, Wilhelmshaven 1990

Krombusch, Gerhard: Mit Kindern auf den Weg in die Stille, Drensteinfurt 1989

Laban, Rudolf v.: Die Kunst der Bewegung, Wilhelmshaven 1988

Langen, Dietrich (Hrsg.): Der Weg des Autogenen Trainings, Darmstadt 1976

Lindemann, Hannes: Überleben im Stress, München 1983

Masters, Robert/*Houston,* Jean: Bewußtseinserweiterung über Körper und Geist, München 1978

Masters, Robert/*Houston,* Jean: Phantasiereisen, München 1984

Müller, Else: Auf der Silberstraße des Mondes, Frankfurt 1990

Müller, Else: Bewußter leben durch A.T., Frankfurt 1984

Müller, Else: Du spürst unter Deinen Füßen das Gras, Frankfurt 1990

Peter, Burckhard/*Gerl,* Wilhelm: Entspannungstraining, München 1991

Petzold, Hilarion: Wege zum Menschen I und II, Paderborn 1987

Porter, Kay: Mentales Training, München 1987

Schuster, Martin: Die heilende Kraft des Gestaltens, Köln 1986

Shorr, Joseph E.: Psychoimagination, Hamburg 1981

Siegel, Elaine V.: Tanztherapie, Stuttgart 1986

Singer, Jerome/*Pope,* Kenneth: Imaginative Verfahren in der Psychotherapie, Paderborn 1986

Sommer, Antonius: Hör auf Deinen Körper, Freiburg i.Br. 1988

Stevens, John O.: Die Kunst der Wahrnehmung, München 1986

Suinn, Richard M.: Übungsbuch für mentales Training, Bern 1989

Teegen, Frauke: Ganzheitliche Medizin, Hamburg 1987

Weber, Marion: Vom Reichtum der Phantasie, Freiburg 1987

Wille, Elke/*Hölter,* Gerd: Tanztherapie Theorie und Praxis, Paderborn 1991

Raum für Notizen:

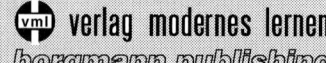
144